KB247979

10대와 통하는 성과 사랑

10대와 통하는 성과 사랑

10대와 통하는 성과 사랑

제1판 제1쇄 발행일 2012년 12월 14일
제10쇄 발행일 2022년 3월 8일

글 | 노을이
그림 | 돌 스튜디오
기획 | 책도둑(김민호, 박정훈, 박정식)
디자인 | 김효중
펴낸이 | 김은지
펴낸곳 | 철수와영희
등록번호 | 제319-2005-42호
주소 | 서울시 마포구 월드컵로 65, 302호(망원동, 양경회관)
전화 | (02) 332-0815
팩스 | (02) 6003-1958
전자우편 | chulsu815@hanmail.net

＊이 책에 실은 내용 일부나 전부를 다른 곳에 쓰려면
반드시 저작권자와 철수와영희 모두한테서 동의를 받아야 합니다.
＊잘못된 책은 출판사나 처음 산 곳에서 바꾸어 줍니다.

ISBN 978-89-93463-38-5 43190

철수와영희 출판사는 '어린이' 철수와 영희, '어른' 철수와 영희에게 도움 되는
책을 펴내기 위해 노력하고 있습니다.

노을이 글 | 돌 스튜디오 그림

철수와영희

우리는 성이 있어 아름다워요

어린 시절, 나는 순정만화를 무척 좋아했어요. 그림도 제법 잘 그리는 편이어서 만화가를 꿈꾸기도 했답니다. 초등학교 6학년 때에는 스케치북 한 권짜리 단편을 완성한 적도 있어요.

중고생이 되면서 더 많이 보게 된 만화는 점점 아슬아슬한 수위를 타기 시작했죠. 그 당시는 일본 만화가 무차별적으로 수입되던 시기였는데, 일본 순정만화에는 주인공들이 성관계를 하는 장면이 심심찮게 나오곤 했어요. 물론 원래 옷을 벗고 있는 그림을 출판사에서 옷을 입은 그림으로 적당히 수정해 전체 연령용으로 출판하는 식이었죠.

그런 만화들을 보고 있으면 가슴이 두근두근 뛰곤 했어요. 사춘기가 한창인 소녀의 '성교육'은 이렇게 진행되었지요. 그러나 이상하게도, 이런 나의 관심을 다른 사람들에게는 절대로 들키고 싶지 않았어요. 특히 부모님이 아신다면 당연히 화를 내실 거라고 생각했죠. 그 당시의 많은 친구들이 그러했듯, 나도 부모님에게서 건강한 성을 배우긴 어려웠으니까요.

지금 생각해 보면 지극히 건강한 모습이었는데, 그때는 내가 성에 관심이 있다는 사실을 나 자신도 순순히 받아들이기 힘들었어요. 괜히 잘못하는 것 같고, 순수함을 잃어 가는 것 같았죠. 그래서 그런 모습은 삶의 한쪽에 깊숙이 아주 꼭꼭 숨겨 놓았어요.

내가 그랬기 때문에, 지금 이 책을 펼쳐 든 여러분에게 "너 참 지혜롭구나. 잘하고 있어. 힘내!"라며 그 등을 힘차게 토닥토닥 두드려 주고 싶어요. 나에게는 '성적인 나'를 건강하게 만나는 것이 무척 어려운 일이었거든요. 그런데 여러분은 관심을 숨기려 하지 않고 오히려 이 책을 읽기 시작했으니까요.

수치심과 불안 속에서 만들어진 성 가치관을 바로잡기까지는 오랜 시간이 걸렸어요. 많이 고민하고, 실수하고, 배우면서 한 걸음씩 가야 했죠. 건강한 성 정체성의 확립과 성숙은 10대 때부터 자연스레 이루어져야 하는 건데, 그것을 미뤄 두기만 하다가 오히려 20대 대부분의 시간을 보내야 했어요.

왜 그렇게 노력했느냐고요? 몇 살이 되어도 해야만 하는 일이니까요. 진정한 사랑을 만나 행복한 결혼을 하고, 좋은 엄마 아빠가 되기 위해서는 반드시 해야만 하는 일이랍니다. 내 안의 '새로운 나'를 만나는 일, 꽃이 피듯 아름답게 피어나는 나의 성을 환영하고 건강하게 받아들이는 일은 그만큼 중요한 '성장'이에요.

봄과 함께 새로운 생명들이 찾아오듯 여러분에게는 '성'이라는 새로운 자아가 찾아와 문을 두드리고 있습니다. 나는 여러분이 건강한 성性 숙을 이루도록 돕고 싶어요.

성과 사랑을 마음껏 느끼고 탐구해 봐도 좋다는 의미로 "괜찮아."라는 말로 꼭꼭 채웠어요. 너무 상처 입고 아파하지 말라고, 나처럼 멀리 돌아가지 말라고 걱정 섞인 잔소리도 조금 붙여 봅니다. 우리나라에는 마음의 사춘기를 미뤄 버리는 바람에 성인이 되어서야 고민하고 방황하는 몸만 자란 어른들이 많아요. 여러분에게 찾아온 이 자연스러운 계절을 아름답게 누리기를 간절히 바랍니다.

내가 상담실에서 10대들과 만나면서 배우고 느끼며 깨달은 지혜가 여러분에게 밝은 길잡이가 되리라 믿으며 이 책을 건네요. 약속할게요. 마지막 장을 덮을 때쯤이면 이전보다 성을 더 편안히 받아들이고 더 현명한 연애를 하는, 나아가 스스로를 더욱더 사랑하게 될 자신을 발견할 거예요.

끝으로 이 책이 나오기까지 크고 작은 지원을 아끼지 않으신 철수와영희 출판사에게 진심으로 고마운 마음을 전하고 싶습니다. 아울러 내 몸과 영혼의 단짝이자 가장 소중한 친구인 사랑하는 남편, 그리고 내 삶을 관통하는 가장 큰 사랑을 베푸신 그분께 온 마음으로 감사를 전합니다.

2012년 12월
노을이

차례

1

당신이
성의 주인입니다

당신이 성의 주인입니다

많고 많은 이야기 중에 '성'과 '사랑'이라는 흥미진진하고 호기심 충만한 주제로 여러분과 이야기를 나누게 되어 참 다행이에요. 생각만 해도 눈이 반쯤 감기는 지루한 공부 이야기가 아니라 말만 들어도 배시시 웃음이 나고 주변 눈치를 보며 킥킥거리게 되는 야동, 섹스, 연애 이야기를 나누는 거잖아요!

너는 아직 몰라도 된다, 공부나 해라, 어른이 되면 다 알게 되는 거다……. 이런 말들 때문에 제대로 얘기도 꺼내 보지 못했던 때가 많았죠? 그래도 한편으로는 볼 것 다 보고 엄청난 정보(?)의 홍수 속에서 '우와, 정말 이런 거야?'라며 혼란스러워했던 경험도 있을 거예요.

이 책에서는 성과 사랑에 관한 이야기를 가감 없이 재미있게 해 보고 싶어요. 알고 싶은 게 있으면 주저하지 말고 팍팍 파헤쳐 보고, 좋은 건 좋다 나쁜 건 나쁘다 같이 얘기도 해 봐요. 그동안 혼자 어둠의 경로로 성을 배우면서도 '이게 정말 맞나? 어느 정도까지 받아들이면 되지?'라고 생각했던 부분도 속속들이 따져 봐요. 성을 은밀한 경로를 통해서만 배워야 하는 건 아니랍니다.

지금 여러분의 몸과 마음에서 약동하는 성 에너지가 얼마나 소중하고 대단한 것인지, 그 가치를 제대로 얘기해 주는 사람은 거의 없었을 거예요. 성이 얼마나 멋진지 제대로 안다면 여러분은 훨씬 더 떳떳하게 성을 탐구하고 표현하며 정성껏 가꾸고 누릴 거예요.

여러분의 뇌는 지금 온몸 구석구석으로 대대적인 확장 공사를 지시하고 있어요. 이제까지의 좁은 자기 인식과 세계관을 버리고 더 새롭고 폭넓은 영혼과 감성, 생명력 넘치는 몸을 만드는 인생 최대의 '자기 계발'을 시작하는 거지요. 그렇기에 스스로 알아 가고 배우는 것만큼이나 주변에서 들려주는 정보의 질도 중요해요. 이러한 정보들은 나도 모르게 씨실과 날실이 되어 나의 성 가치관을 수놓게 됩니다. 지금부터 어수선하게 흩어진 그 이야기의 올들을 가지런히 정돈해 봅시다.

성에 관한
말, 말, 말!

우리는 성에 대한 무수히 많은 이야기들을 들어요. 성은 이런저런 거다, 자유로워야 한다, 생물학적인 작용일 뿐이다, 사회적인 통제 방식이다, 본능이다, 낭만이다 등등. 하지만 그런 말들은 성을 있는 그대로 담

아내기 위해 나온 말은 아니랍니다. 즉 '진정한 성은 무엇인가?'를 탐구할 목적으로 온전히 그것을 설명하고 올바르게 이해하기 위해서 나온 말은 아니라는 거죠. 오히려 자신들이 옳다고 믿는 어떤 가치관을 확고히 하기 위해서 성의 영역까지 활용하는 것입니다.

우리가 가장 쉽게 접할 수 있는 성에 관한 이야기는 신체적인 특징에 중점을 두는 관점일 겁니다. 대체로 성을 이해하기 위한 공식적인 첫 과정이 신체 변화에 대한 '공부'이기 때문이죠. 2차 성징은 무엇인지, 남자와 여자의 신체는 어떤 부분에서 다른지 등의 내용을 그림으로 확인하는 것과 같은 이야기 말이에요. 이런 이야기들은 잠시 동안은 흥미로울지 모르지만 이내 지루해지기 마련이죠.

이 관점은 인간의 성을 자손 보존의 중요한 기능에 한정해 설명합니다. 다른 동물들의 성을 이야기할 때처럼요. 사랑의 행위라거나 쾌락을 느낄 수 있다는 등의 차이점을 언급하지만, 기본적으로는 정소와 난소의 구조, 정자와 난자 이야기, 성호르몬 등 우리 몸의 구조와 작용에 대해 설명하는 것을 가장 중요하게 생각해요. 물론 이런 사실을 잘 알아두는 것은 아주 중요한 일이에요. 우리 몸이 어떻게 이루어져 있는지, 사춘기에는 왜 몸의 변화가 일어나는지, 생명은 어떻게 이어지는지 등은 자신을 잘 이해하고 가꾸기 위해서도 꼭 필요한 내용입니다.

두 번째로 많이 접하는 관점은 '안 돼!'라는 한마디로 설명할 수 있을 것 같아요. 성은 은밀한 영역이기 때문에 사람들 앞에서 쉽사리 드러내거나 함부로 남용해서는 안 된다는 거죠. 우리 주위에는 성에 대한 이야기를 금기시하고, 그것을 드러내 놓고 말하는 것을 부적절하다고 보는 가치관이 짙게 깔려 있어요. 그래서 성에 관한 호기심이 최고조를 이루는 사춘기 청소년들도 주변의 눈치를 보며 성을 이야기하고, 특히 어른들 앞에서는 절대 이야기하지 않죠.

이 관점은 성을 '음란'이나 '타락'과 같은 의미로 취급하여 최대한 개인의 영역에 묶어 두려 해요. 그에 관한 사회적인 논의 자체를 제한하죠. 이것은 성을 잘 절제하는 것이 미덕이라고 생각하고, 사회적으로 드러내는 것은 수치스러운 일이라고 보는 보수적이고 유교적인 규범이에요. 이러한 사고방식은 사회를 효율적으로 통제하기 위해 더욱 강고하게 뿌리내렸습니다. 특히 여성을 효과적으로 통제하는 기능을 이 가치관이 담당해 왔어요. 여성의 '순결'이나 '아들 출산' 등을 중요시하게 된 것도 이 가치관의 영향이에요. 아이러니하게도 다른 한편으로는 남성 중심의 은밀한 성 문화를 발전시켰죠.

이와 같은 갑갑한 기존 규범에 정면으로 대항하며 성장한 것이 바로 성적 자유주의, 소비주의입니다. 이 관점은 자신의 성을 개방적으로 드러내고 자유롭게 누려야 한다고 주장해요. 성은 개인의 선택에 따라 자유롭게 누릴 수 있는 즐거운 것이라는 거죠. 성적 호기심이 충만한 데다가 욕구가 왕성해지는 여러분들이 가장 매력을 느낄 만한 관점 아닌가요?

하지만 바로 이 관점을 기반으로 각종 음란물과 성을 상품화하는 행위들이 번성하고 있어요. 많은 기업과 방송 매체들이 성으로 돈을 벌기 위해 쾌락을 소비하도록 부추기고, 점점 더 강한 자극을 만들어 내죠. 그런데 이들이 부르짖는 성의 자유 이면에는 성 소비를 위한 도구가 되어 자신의 성을 착취당하는 사람들이 있어요. 대표적인 예가 성매매 여성들이나 포르노 배우들이죠. 이들은 대부분 성적 자유를 누리기 위해서가 아니라 '생계'를 위해서 그렇게 살아요. 그리고 비인격적인 대접을 받고 소외당하죠.

요즘은 연예인이 워낙 인기 있다 보니, 어린 나이에 아이돌로 데뷔하는 친구들도 많아졌어요. 그런데 너무 어린 나이에 짙은 화장과 노출이 심한 옷으로 치장을 하고 섹시함을 연기하는 친구들을 보고 있으면 걱정이 되기도 해요. 자신이 어떻게 보일지를 스스로 분명하게 판단하고 선택했다기보다는, 소속사가 상품성을 위해 기획한 이미지를 입는 거니까요. 성이 어떤 세계인지 정확히 알기도 전부터 성적인 상품이 되는 거예요.

미국과 유럽의 여러 나라에서는 미성년자의 방송 활동 시간과 내용, 의상 등을 엄격히 제한하고 있어요. 이들이 어른들에 의해 성적인 상품으로 이용되는 상황을 막고, 자의식이 충분히 성장하여 자신을 책임질 능력이 갖춰진 후 스스로 선택할 수 있을 때까지 보호해 주려는 목적이에요.

　참으로 역설적이게도, 성적 자유의 시대에 더 많은 성적 착취가 일어나고 있어요. 누군가 성을 소비하기 위해서는 도구가 되는 대상이 있어야 하기 때문이죠.

　앞에서 남성 중심의 성 문화가 여성을 억압해 왔다고 했죠? 그래서 등장한 것이 여성해방주의 가치관이에요. 선생님도 한때 매력을 느꼈던 관점이죠. 페미니즘이라는 말을 들어 본 적 있죠? 이 가치관은 여성을 억압해 온 모든 전통 규범들을 거부해요. 특히 성이 여성을 억압하는 핵심적인 도구로 사용되었다고 주장하죠. 그렇기 때문에 전통적인 의미의 성에서 자유로워지는 것이 진정한 자유를 얻는 중요한 척도가 된다고 생각합니다. '남녀 차별' 같은 말에 민감한 소녀 중에는 예전에 선생님이 그랬듯 이 가치관을 주장하는 친구들도 많을 거예요. 아주 구체적인 내용까지는 잘 몰라도 말이에요.

　이 가치관은 성 문화 자체가 남성을 중심으로 형성되어 왔기 때문에 전통적인 성 문화를 거부해야 한다고 여겨요. 여성이 주도권을 갖는 것이 핵심적인 목표죠. 성관계에서도 마찬가지고요. 이 관점에서는 여성이 적극적으로 성적 쾌락을 누릴 권리, 사회적으로 성 역할에 구속당하지 않을 권리를 주장해요.

　마지막으로 성을 지극히 낭만적인 관점으로 해석하는 가치관이 있어요. 성은 그 자체로 아름답고 쾌락적이며, 오직 사랑을 표현하는 낭만적인 방법일 뿐이라는 관점이에요. 사랑하는 사람을 위해 세레나데를 부르고, 연적과 결투를 벌이기도 했던 유럽의 낭만주의에서 이와 같은 가치관을 많이 발견할 수 있답니다. 『젊은 베르테르의 슬픔』이나 『로미오와 줄리엣』 같은 고전 문학 작품에 이런 낭만적인 사랑이 잘 나타나 있죠.

이 가치관은 사랑한다면 모든 것이 가능하다는 전제를 깔고 있어요. 참 멋진 생각이죠? 그러나 자칫하면 성적 욕망이나 정복욕을 포장하는 말로 변질될 수 있답니다. 호기심에 이성을 유혹해 성관계를 맺고는 곧 흥미가 식어 버려 새로운 사람을 찾아다니는 성적 방임을 '영혼의 자유'나 '사랑의 역동성' 같은 낭만적이고 아름다운 말로 포장하는 거죠. 그래서 이 가치관은 성적 쾌락주의와 결합되기 쉬워요. 프랑스의 로코코 시대가 이런 가치관이 절정을 이룬 시기였어요. 좋은 의미로든 나쁜 의미로든 말이에요. 쇼데를로 드 라클로가 1782년에 발표한 『위험한 관계』라는 작품 속에 낭만주의의 어두운 면이 잘 나타나 있어요.

성을 주제로 한 이야기들이 이렇게 다양한 관점을 배경으로 하고 있는 줄은 몰랐을 거예요. 성은 어쩐지 껄끄럽고 막연한 주제 같지만, 알고 보면 수많은 철학과 닿아 있어요. 우리는 그 다양한 관점 속에서 생각하고, 느끼고, 어떤 관점에는 동의하고, 반대도 하면서 자신만의 가치관을 만들어 가는 거예요.

건강한 성과 사랑을 위한
균형 잡기

여러분이 잘 기억해 두어야 할 것은, 앞에서 말했듯 이러한 가치관들이 '성을 얼마나 건강하고 행복하게 내 삶과 통합할 수 있을까?'를 목적으로 태어난 것이 아니라는 사실이에요. 그 당시 사회를 이끌어 가던 가치관을 성적인 영역에도 적용시켜 그 가치관의 목적을 이루는 도구로 쓰고자 한 것이죠.

여러분이 이 책을 읽는 동안만이라도 성 자체에 대한 진지한 고민을 나누고, 건강하고 행복한 성의 주인이 되려면 어떻게 해야 하는지 이야기해 보고 싶어요. 물론 우리도 사회 문화적인 배경에서 완전히 벗어날 수는 없을 거예요. 그러나 성과 사랑은 그 자체로도 아주 크고 중요한 주제이고, 내 존재와 삶에 깊숙이 연결되어 있어요. 건강한 성을 위한 나만의 철학을 만들어 가는 것은 충분히 가치 있는 일이랍니다. 그렇기에 어느 한 관점을 무조건 수용하고 따라가기보다는 여러 주장 속에서 어떻게 균형을 잡아야 할지 고민해 보는 과정이 중요해요.

예를 들어, 자유주의와 소비주의 가치관은 우리에게는 자유가 있으니 마음껏 성을 누리라고 말합니다. 개인이 자유롭게 선택할 권리와 그 결과를 책임질 의무를 극대화해서 해석하는 거죠. 대중매체들은 '원하는 대로 누릴 권리가 있다.'는 핑계로 자극적이고 왜곡된 성 문화가 담긴 정보를 만들어 내고, 파괴적인 연애관을 담은 작품들을 쏟아 냅니다. 이러한 정보들은 '네가 선택할 자유가 있다.'라고 말하지만, 결과적으로는 자유를 누리는 것이 아니라 그 매체가 주는 자극에 익숙해지고 그 메시지를 믿도록 해요.

인간의 뇌를 연구해 보면 포르노물 같은 자극적인 내용을 담은 매체들은 일종의 중독 작용을 일으킨다고 합니다. 뇌를 흥분시키고 점점 더 강한 자극을 원하게 하죠.(포르노 중독, TV 중독, 심지어 드라마 중독도 있어요.) 이러한 자극은 뇌에 강한 인상을 남기고, 시간이 지나면서 신념을 형성해요. 어릴 때 큰 충격을 받은 사건이나 감동을 받았던 책의 내용이 잊혀지지 않고 일생에 영향을 미치는 것과 비슷하답니다. 특히 성인보다 뇌가 민감하게 발달하는 사춘기에는 이런 작용이 훨씬 강력하게 일어납니다. '네가 자유롭게 한 선택이야.'라고 말하지만, 실은 애초부터 주체적인 판단을 할 수 없는 상태로 만드는 거예요. 자극적인 매체를 만드는 사람들도 그런 사실을 잘 알고 있어요.

쉽게쉽게 연애하고 마음대로 성을 사용하며 원할 때마다 성을 소비하면 자유를 누리는 것 같은 기분이 들 테죠. 하지만 그런 기분은 잠시일 뿐이에요. 오히려 깊은 사랑의 마음을 바탕으로 서로의 성을 소중히 나눌 기회, 성의 의미를 진지하게 생각해 보고 고귀함을 부여할 기회를 빼앗기는 것인지도 모릅니다. 안전하고 건강한 성을 누릴 권리와 행복한 성생활을 누릴 권리를 알기도 전에 말이에요. 여러분이 비로소 성적 균

형을 찾게 되었을 때, 이 권리들을 선택할 기회를 빼앗겼음을 뒤늦게 깨닫고 후회하게 될까 봐 걱정스러워요.

아름답고 아름다운
나의 성

그렇다면 성에 대한 관심과 욕구는 무조건 참아야 좋은 걸까요? 음 그래, 역시 어른들의 말씀이 옳아. 각종 영상 매체는 해로우니 무조건 차단하고, 10대는 연애하기에는 아직 어리니 공부나 열심히 해라? 절대 아니에요!

성을 바라보는 부정적인 시선이 사회 전반에 깔려 있기 때문에 여러분은 자신이 얼마나 고귀한 존재인지, 성적 존재인 것이 얼마나 큰 축복인지 알지도 못한 채 자라납니다. 자연스러운 성장 단계에 따른 성적 호기심도 마치 죄를 짓는 듯 은밀하게 표현해야 하죠. 배가 고프면 밥을 먹는 것만큼이나 성적 욕구는 당연한 거예요. 그런데도 욕구를 표현하면 어른들은 위험한 행동이라도 한 것처럼 화들짝 놀라곤 해요.

가장 나쁜 경우는 어른들이 스스로 모범이 될 만한 행동을 보이지 않으면서 여러분에게만 하지 말라고 하는 거예요. 그럼 여러분은 '성이 힘을 가진 어른들만의 권리야?'라는 반발심이 생길 테고, 화가 나서 어른들과의 소통을 거부하기도 해요.

가장 가까이 있는 섹스의 선배, 야동의 베테랑은 아빠일 텐데, 왜 그런 관심이 생겼을 때 아빠와 툭 터놓고 이야기하지 못할까요? 매력적인 여자가 되는 법을 가장 잘 아는 선배는 한 남자와 같이 살면서 이성의 마음을 이해하는 데 도가 튼 엄마일 텐데, 왜 내 연애 문제는 엄마와 의논하지 못할까요?

내 꿈은 여러분이 야동 문제를 아빠와 토론하고(좋은 자료를 추천받기도 하고^^), 엄마와 함께 이상형을 구체적으로 따져 보며 킥킥댈 수 있는 가정을 만드는 데 도움이 되는 거예요. 우리 엄마 아빠와는 그런 게 가능할 리 없다고요? 너무 큰 꿈인가요? 꿈인데 뭐 어때요. 꿈은 크게 갖는 게 좋다고 하잖아요.

우리의 성은 지극히 자연스럽고 건강하며 아름다워요. 생동감 넘치는 본연의 에너지이지요. 그리고 우리 인생에 생각보다 훨씬 큰 영향을 미치는 영역이기도 해요. 억압할 필요도 없고 억압해서도 안 돼요. 나를 나답게 만들어 주는 아주 중요한 부분이니까요. 다만 우리가 음식을 과식하거나 폭식하지 않아야 하는 것처럼 잘 조절하는 법을 배워야 할 뿐이죠. 과식과 폭식은 비만의 주범이자 몸은 물론 마음까지 병들게 해요. 마찬가지로 성도 남용하면 나의 아름다운 몸과 마음을 훼손하고 병들게 한답니다. 이것을 배워 가는 과정은 우리의 성장에 꼭 필요한 단계예요.

인간은 모두 성을 누릴 권리가 있어요. 당연히 여러분도 그런 권리를 가지고 있지요. 누군가를 사랑하고, 행복한 연애를 하고, 설레는 성 경험(섹스만을 얘기하는 게 아니에요!)을 해 볼 권리 말이에요. 이 권리를 행복하고 건강하게 누릴지 파괴적으로 쓸지는 바로 여러분이 선택해야 해요. 여러분에게는 자신의 행동을 스스로 선택하는 '자기결정권'이 있으니까요. 내 성의 주인은 바로 나 자신이에요.

여러분이 성을 가치 있게 누리기를 바랍니다. 자신이 주인이 되어서 사랑을 더 풍성히 꽃피우는 아름다운 관계로 말이죠. 우리가 살펴본 가치관들은 성을 힘이나 저항과 통제의 수단, 쾌락이나 이익을 얻을 도구라고 말해 왔지요. 하지만 진정한 성은 '관계'예요. 자신과의 관계, 나와 성을 나누는 사람과의 관계죠.(이 부분을 앞으로 이 책에서 자세히 살펴볼 거예요.) 우리가 이미 알고 있듯이, 사랑하는 사람과 공유하는 가장 친밀한 관계가 바로 성관계잖아요?

그렇기에 관계가 아닌 성은 폭력이 될 수 있음을 반드시 알아 두었으면 해요. 성은 가장 친밀한 마음의 표현이기도 하지만, 순식간에 가장 잔인한 폭력으로 변하기도 하지요. 서로를 존중하고 나의 권리만큼 상대의 권리도 인정할 때에는 세상에서 가장 아름다운 모습이지만, 그 자리를 떠나면 가장 큰 상처를 입힐 수 있답니다. 그러니 다시 한 번 기억해요. 성을 어떻게 사용할지 그 선택권은 바로 자신에게 있다는 것을.

성과 사랑은 나의 관계와 성숙과 건강은 물론이고 내가 이룰 가정에까지 평생에 걸쳐 영향을 미치고 이야기를 만들어 내요. 그렇기에 단순

히 육체적인 문제일 뿐이라고 치부할 수 없어요. 성적인 선택과 행동을 통해서 삶의 철학과 색깔을 드러내는 것이지요. 내 삶의 방향성과 가치관은 나의 성적인 선택을 통해서도 고스란히 드러나게 되어 있어요. 성과 사랑은 '나는 이런 사람이야.'라고 말하는 중요한 언어랍니다. 그러니 건강한 가치관을 위해서는 신중하게 고민해야 해요.

다 좋은데, 왜 어렵고 추상적인 이야기만 하느냐고요? 정작 가장 궁금한 질문, '그러니까 성적인 행동을 하라는 거야, 말라는 거야?'에 대한 답은 나오지 않아 답답하다고요? 그 답은 이제부터 책을 읽어 가면서 스스로 찾아봐요. 분명 자신만의 훌륭한 답을 발견하게 될 거예요.

자, 이제 본격적으로 시작해 볼까요?

2

나는 남자, 나는 여자

나는 남자, 나는 여자

어린 시절 함께 놀던 이성 친구가 있나요? 부모님이 서로 친해서 몇 살 때부터 같이 놀았는지 모를 정도로 오래된 친구, 혹은 유치원 다닐 때 매일매일 손 붙잡고 다니던 친구 말이죠. 그 친구 집에 놀러 가서 자기도 하고, "너는 아빠, 나는 엄마." 하며 소꿉놀이 하던 일, 목욕탕에서 만나 물장난 치다 혼나기도 했던 일 등 갖가지 추억이 있을 거예요. 손가락 걸고 "이다음에 커서 너랑 결혼할 거야!"라고 맹세했던 유치한 약속이 떠오르기라도 한다면 아마도 손발이 오글거리겠죠. 지금은 여드름이 잔뜩 난 얼굴에 성격까지 까칠한 그 아이를 보면서 '그때 내가 미쳤지!'라고 생각할지도 모르고요.

그런데 언제부터인가 그 친구와 서먹해졌을 거예요. 도대체 언제부터 이성 친구와 노는 게 어색해지고, 남자 여자 편을 갈라 동성 친구와만 놀게 된 것일까요? 왜 그렇게 멀어져 버렸을까요? 우리의 이야기는 바로 여기서부터 시작됩니다. 그냥 '친구'였던 아이가 '여자' 혹은 '남자'로 느껴지기 시작한 시기, 같이 있으면 왠지 다른 친구들이 놀릴 것 같아 부끄러워진 그때가 바로 내가 성의 문을 열기 시작한 시기이니까요.

몸과 뇌에
일어나는 혁명

엄마의 배 속에서 갓 만들어진 태아는 자궁에 착상되고 자라면서 타고난 유전자에 따라 조금씩 남자와 여자로 만들어져 갑니다. 9주가 되기 전까지 우리 몸은 모두 똑같아요. 물론 여자가 될지, 남자가 될지는 이미 정해져 있지만 말이에요.

이렇게 엄마 배 속에서 남자와 여자로 나뉘기 시작하는 변화를 바로 '1차 성징'이라고 해요. 그리고 사춘기에 신체가 변화하는 것을 '2차 성징'이 나타났다고 합니다. 이때 우리는 '남자', '여자'라는 것이 몸과 생각을 송두리째 바꾸어 놓는 놀라운 변화를 경험합니다. 인생에서 이와 같은 격변은 두 번 다시 찾아오지 않아요.

그런데 나 자신도 이해하기 어려운 사춘기라는 격변은 생각보다 조용히 다가옵니다. 흔히 우리는 사춘기가 생물학적인 몸의 변화에서 시작된다고 생각해요. 여성 호르몬인 에스트로겐과 남성 호르몬인 테스토스테론으로 대표되는 성호르몬이 왕성하게 나오기 시작하면 사춘기가 왔다고 하죠. 하지만 실제로 사춘기는 그보다 훨씬 일찍, 보이지 않는 곳에서부터 시작됩니다. 바로 우리의 뇌에서부터죠.

"여자애를 때리면 안 돼. 너는 남자잖아."

"치마 입고 발차기를 하면 안 돼. 넌 여자잖아."

어릴 때 이런 말을 들으면서 막연히 '남자와 여자는 다르구나.'라고 느꼈을 거예요. 그런데 어느 날부터인가 남자인 내가 친구들 앞에서 여자애와 놀면 왠지 창피한 마음이 들기 시작합니다. 여자애들이 하는 이

야기가 도통 재미없고, 같이 놀이를 하는 것도 영 불편할 뿐만 아니라 주변의 눈치를 보게 돼요. 예전에는 함께 잘만 놀았는데, 이제는 같이 노는 것보다 차라리 놀리고 괴롭히는 게 마음 편하게 느껴지죠.

이러한 변화는 '나는 여자와 달라.'라는 자의식이 생기면서 시작됩니다. 남자니까 여자와는 다르게 행동해야 한다는 본능의 목소리가 들리는 거예요. 여자아이도 이와 다르지 않습니다. 빠르면 유치원, 늦어도 초등학교 저학년부터 이런 변화가 나타나기 시작하죠. 아직 몸에는 아무런 변화가 없어요. 하지만 함께 노는 친구들이 달라지고, 놀이 방법이 달라지고, 남자아이와 여자아이가 서로를 대하는 태도가 달라집니다. 사실 뇌의 변화는 이때부터 조용히 일어나기 시작했어요. 단순히 몸이 변하는 차원이 아니라 나에 대한 근본적인 인식이 뒤집히는, 말 그대로 '혁명'이 일어나는 것입니다.

그래서 사춘기는 단순히 호르몬이나 몸의 변화가 일어나는 데 그치지 않고 훨씬 중요한 부분들을 결정해요. 나는 어떤 존재인지 고민하게 되는 시기이자, 내가 생각하는 남성상과 여성상, 그리고 내가 하게 될 연애와 대인 관계, 넓게는 인생을 바라보는 태도까지 결정하죠.

사춘기의 시작은 단순히 몸의 변화와 반항심, 연애에 대한 호기심으로 오는 게 아닙니다. 사춘기를 지나고 나면 어느새 자신의 삶을 바라보는 세계관을 갖춘 한 사람이 될 테니까요. 그러니 이제 눈에 보이는 변화뿐만 아니라 보이지 않는 내면의 변화도 함께 생각하며 가 보도록 해요. 멋지게 성숙하기 위해서 말이죠.

내 몸이
이상해!

성교육 시간에 들어 본 뻔한 이야기는 길게 하지 않을게요. 사춘기가 되면 여자는 가슴이 발달하고 음모가 나며 초경이 시작된다, 남자는 수염이 나기 시작하고 골격이 발달하며 변성기가 오고 몽정을 한다, 이런 이야기들 말이죠.

2차 성징이라 부르는 이런 변화들이 나타나기 시작했다면, 축하합니다! 본격적인 사춘기에 들어섰군요. 좋든 싫든 이제는 몸에 엄청난 혁명이 일어날 거예요. 뇌하수체가 온몸을 향해 끊임없이 명령하고 있어요. 바꿔, 바꿔, 다 바꾸라고!

'성호르몬 분비 자극 호르몬(성선 자극 호르몬)'이라고 불리는 이름도 복잡한 호르몬이 뇌하수체에서 나와 피를 타고 흘러 흘러 남자의 정소, 여자의 난소로 갑니다. 그리고 남성호르몬인 테스토스테론과 여성호르몬인 에스트로겐을 내놓도록 계속 요구하죠. 이 시끄러운 아우성 때문에 호르몬들이 오랜 잠에서 깨어나 온몸을 바꾸기 시작해요. 이것이 바로 여러분이 겪는 2차 성징입니다. 그런데 2차 성징에 대해 많은 오해가 있는 듯해요. 다른 친구들보다 빠르거나 늦은 변화 때문에 내 몸이 정상적으로 자라고 있는지 걱정을 하기도 하고, 몸에 대한 잘못된 편견 때문에 남모르는 고민에 빠지거나 상처를 입기도 합니다. 애매하게 무슨 소리냐고요? 좋아요, 지금부터 자세한 질문과 답변 들어갑니다!

✳ 생리를 시작하면 키가 더 이상 자라지 않나요?

요즘 성조숙증 때문에 이런 고민을 하는 친구들이 참 많죠. 생리를 너무 일찍 시작하는 경우만 아니라면, 생리와 키 크는 것은 상관이 없답니다. 성조숙증은 2차 성징과 그에 따른 변화가 너무 빨리(초1~초3학년) 시작된 탓에 몸이 충분한 영양 공급을 받지 못해 건강하게 성장할 기회를 놓치는 증상이죠. 정상적인 연령대에 생리를 시작한 것이라면 키에 대한 걱정은 하지 않아도 됩니다. 나도 생리를 초등학교 5학년 때 시작했지만 대학교 1학년 때까지 키가 컸어요. 물론 중1~고1 시기에 집중적으로 크기는 했지만요.

키가 크고 싶다면 인스턴트 식품 대신 신선한 음식을 골고루 먹고, 반드시 잠을 푹 자세요. 심야 수면 시간대에 성장 호르몬이 가장 많이 분비되니까요. 근육과 뼈에 자극을 주는 적당한 운동도 아주 좋아요.

✳ 생리가 너무 불규칙해요. 생리통이 갑자기 심해졌어요

여성의 생리 주기는 일정하다고 배웠죠? 하지만 요즘은 주기가 규칙적인 여성이 드물다고 해요. 환경 호르몬이라 불리는 물질과 먹는 음식, 성장 환경의 영향 때문에 조금씩 불규칙해지고 있죠. 그리고 여성은 매우 민감한 존재예요. 스트레스를 심하게 받으면 생리를 건너뛰거나 갑자기 배란이 일어나기도 해요. 생리통도 몸 상태에 따라 크게 영향을 받고요. 나도 1년에 한두 달 정도는 건너뛰기도 하고, 주기가 밀리기도 해요. 스트레스를 많이 받을 때는 생리통을 심하게 앓기도 하지만, 또 어떤 때는 '아, 좀 아프구나.' 하는 정도로 지나갈 때도 있죠. 그래서 걱정스런 마음에 병원에 가 봐도 큰 이상이 있는 건 아니더라고요.

냉이 나오기 시작하고 약 1년 사이에 초경이 시작되는데, 초경이 시작된 후로부터 2년 정도는 양도 주기도 무척 불규칙합니다. 그러니 걱정마세요. 생리통도 처음엔 없다가(생리를 시작해도 처음엔 난자가 미숙해서 배란이 되지 않아요. 그래서 통증도 없죠.) 난자가 성숙해서 나오기 시작하면서 생기기도 합니다. 몸의 급격한 변화가 시작될 때는 모든 부분이 불안정하다는 사실을 기억하세요. 내 몸을 소중히 대하면서 느긋하게 기다려주면 점점 안정될 거예요.

혹시 중학교 1학년까지도 초경을 하지 않는다면 엄마와 함께 꼭 병원에 가 보세요. 드물긴 하지만 생리 혈이 흘러나오는 통로가 막혀 초경이 시작돼도 몸 밖으로 나오지 못하고 몸속에 고이는 경우가 있어요. 제때 병원에 가면 큰 문제없이 치료할 수 있답니다. 그러니 내 몸에 관심을 갖고 잘 보살펴야 해요.

❊ 가슴이 짝짝이인 것 같아요

장담하는데, 걱정하지 않아도 됩니다. 어느 날부터인가 평평하던 가슴에 몽우리가 잡히기 시작하면서 아프고 커질 거예요. 종양이 생긴 게 아니니 놀라지 마세요! 그리고 가슴은 양쪽이 동시에 똑같이 자라는 건 아니에요. 정말로 발육 불균형인지는 만 스무 살이 되어야 알 수 있어요. 대체로 한쪽이 먼저 발달하고 다른 쪽이 나중에 커지기 마련이랍니다. 가슴은 5단계를 거쳐 성장하는데, 각 단계마다 조금씩 다른 속도로 자라요. 그러니 지금 그런 느낌이 든다고 너무 걱정하지는 마세요. 도저히 안심이 안 된다면 혼자 고민하지 말고 엄마와 같이 병원에 가서 검사를 받아 보세요. 아마 내가 한 말과 똑같은 이야기를 들을 테지만 말이에요.

친구들과 비교해서 모양이 예쁘지 않다거나 작다고 고민할 필요도 없어요. 가슴은 다 성장해야 모양이 완전하게 잡히면서 예뻐지는 거니까요. 지금은 발육이 좀 빠른 친구가 나보다 더 예뻐 보일 수 있겠지만, 나중에 가슴 근력 운동을 해 주면 탄력 있고 예쁜 가슴을 만들 수 있으니 염려 마세요.

참고로 젖꼭지 근처로 짙은 색 동그라미가 커지는 현상도 지극히 정상이에요. '유륜'이라고 부르는 부분이죠. 병에 걸리거나 이상이 있는 게 아니니까 걱정 마요. 혹시 내 것만 이상한 모양인 건 아닌가 걱정이 된다면, 공중목욕탕에 가서 다른 사람 몸을 힐끗 보세요. 다 제각각일 테니까요.

❄ 털은 꼭 있어야 하는 거예요?

보드랍고 맨들맨들한 피부가 좋았는데, 한두 가닥씩 생겨나기 시작하는 검은 털을 보며 속상해하는 친구들이 많아요. 그래도 함부로 뽑는 건 금물이에요. 잘못하면 염증이 생겨서 아프니까요. 물론 뽑는 것도 만만치 않게 아프지만요.

이런 변화가 생기는 이유는 물론 호르몬 때문이에요. 그런데 체모가 나는 부위는 모두 피부가 여리고 중요한 곳이라는 사실을 아나요? 털이 나는 이유는 우리 몸이 그 부위를 잘 보호해야 한다고 판단했기 때문이에요. 피부의 짓무름을 막고 습도를 조절하기 위해서죠.

성호르몬이 왕성해지면 음부나 겨드랑이 같은 곳의 피부가 더 여리고 예민해져요. 피지 분비도 왕성해지고요. 그래서 보호해 줄 필요가 생기는 거죠. 우리 몸이 성숙한 여성미를 만드는 중요한 과정이니까 속상해하기보다는 '내 몸이 잘 변하고 있구나.' 라고 생각해 주세요.

❄ 냉의 색깔이 이상해요. 병이면 어쩌죠?

사춘기가 되면 어느 날부터 속옷에 냉이 묻어 나오기 시작해요. 대개는 투명하거나 우윳빛이지만 때로는 갈색을 띠기도 하죠. 다 정상이에요. 하지만 한 번도 나오지 않던 것이 갑자기 생기니까 걱정도 되고 신경도 많이 쓰이죠?

냉의 색깔과 냄새는 몸의 상태와 호르몬 변화에 따라 달라져요. 양도 계속 변하죠. 특히 배란기와 생리 전에는 냉이 많아진답니다. 그러니 너무 걱정하지 마세요. 다만 이때부터는 특히 몸을 깨끗하게 해 줘야 해요. 냉은 단백질과 유기물로 만들어진 상하기 쉬운 물질이에요. 방부제 같은 게 들어가 있을 리 없으니 당연하죠. 우유도 따뜻한 곳에 오래 두면 금방 상하잖아요? 그러니 속옷을 자주 갈아입고, 냉이 특히 많을 때는 팬티라이너 같은 걸 사용해도 돼요.

하지만 깨끗하게 한다고 비누로 매일 씻는 건 금물이에요. 여성의 성기는 식초처럼 약한 산성이에요. 아주 중요한 기관인 데다 피부도 부드럽고 약하기 때문에 세균이 잘 살지 못하도록 몸이 산성으로 만들어 놓은 거랍니다. 그런데 비누는 소다 같은 염기성 물질이에요. 그래서 산성인 여성의 성기를 염기성인 비누 거품으로 계속 문지르면, 산성 + 염기성 = 중성, 즉 세균이 살기 좋은 따뜻한 물속 같은 환경이 되고 말아요. 그러니 꼭 비누를 쓰고 싶다면 여성을 위한 약산성 비누를 쓰세요.

귀찮다고 속옷을 자주 갈아입지 않거나 깨끗하게 해 주지 않으면 병에 걸리기도 해요. 아니, 성관계도 하지 않는데 병에 걸린다고? 그럼요, 아주 귀찮은 병이 있답니다. '세균성 질염' 또는 '곰팡이성 질염'이라는 건데, 막 간지럽거나 따갑기도 하고 성기 색깔이 빨갛게 변해요. 냉에서 좋지 않은 냄새가 나기도 하고요. 여성의 성기는 기본적으로 습기가 많고 따뜻한 부분이에요. 그래서 청결하지 않으면 세균이나 곰팡이균이 번식하기 쉽답니다. 의외로 많은 여성들이 잘 걸리는 병이에요. 몸이 많이 아파서 면역력이 떨어져 있는 경우에도 이 녀석들이 쉽게 번식하거든요. 그래도 너무 걱정은 마요. 병원에 가면 쉽게 치료할 수 있으니까요. 단, 깨끗하게 해 주지 않으면 언제든 다시 재발한다는 사실! 그러니 내 몸을 잘 가꾸는 좋은 습관을 갖기로 해요.

❇ 처녀막이 뭔가요?

무수한 억측과 환상, 그리고 불안을 낳는 곳이 바로 처녀막이죠. 어떤 친구는 피구를 하다 공에 배를 심하게 맞기만 해도 찢어지면 어쩌나 걱정을 하더군요. 자, 이제 내가 불안과 궁금증을 모두 풀어 줄게요.

처녀막이 있는 이유는 무엇일까요? 바로 여성의 몸을 보호하기 위해서랍니다. 외부의 세균이 자궁과 질 안으로 들어오지 못하게 막으려는 거죠. 처녀막은 원래 랩처럼 얇디얇은 막이 아니에요. 그보다는 훨씬 질긴 근육 조직이죠. 그래서 탄력성도 있고, 사람마다 두께도 달라요. 게다가 원래 구멍이 뚫려 있답니다. 그렇지 않으면 우리가 어떻게 생리를 할 수 있겠어요? 이 구멍은 가운데에 하나만 있는 경우도 있고, 작은 구멍이 여러 개 있거나 한쪽에만 구멍이 있는 등 사람마다 다르답니다. 게다가 선천적으로 처녀막이 없는 사람도 생각보다 많아요.

자전거를 타거나 운동을 하다가 처녀막이 찢어지기도 한다는 이야기는 많이 들어 봤죠? 사실이에요. 처녀막은 얇은 근육 막이기 때문에 심하게 골반을 움직이거나 격렬한 운동을 하면 형태가 변하게 마련이에요. 그러다 막이 견디지 못할 만큼 힘을 받으면 찢어지는 거죠. 하지만 처녀막이 파열되면서 무조건 피가 나오는 건 아니에요. 많은 사람들이 생각하는 것과는 달리, 성관계로 막이 파열될 때에도 통증이 없거나 피가 몸 밖으로 흐르지 않는 경우도 있어요. 실제로 처녀막 파열시 나오는 피의 양은 평균적으로 1~2티스푼 정도예요. 정말 적죠? 피가 그 이상으로 많이 흐른다면 그건 여성의 몸이 상처를 입었다는 뜻이니까 도리어 지혈을 해 줘야 하는 거예요.

앞에서 사람마다 막의 형태와 두께가 다 다르다고 했죠? 두께가 얇고 많이 찢어지지 않은 사람은 피가 거의 나지 않아 밖으로 흐르지 않고 안쪽에서 흡수돼요. 손가락을 살짝 베이면 피가 거의 나지 않듯이 말이에요. 또 선홍색이 아니라 연한 붉은색인 경우가 많아요. 그래서 운동을 하다가 파열이 되어도 모르고 지나가기도 하죠.

외국에서는 결혼할 때가 되면 병원에서 검사를 해서 막이 너무 두껍고 통증이 많이 생길 듯하면 미리 제거하는 수술을 하기도 해요. 게다가 탄력이 있는 근육 조직이라 한 번의 성관계로 막이 파열되지 않기도 하고, 드물지만 아기를 낳을 때까지 그대로 남아 있는 사람도 있다고 하네요. 그러니 처녀막 파열로 처녀네 아니네 따지는 건 정말 무식한 행동이라는 말씀! 애초에 이 처녀막이라는 단어 자체가 부적절한 거예요. 얼굴이 좀 화끈거리나요? 그래도 알고 나니 속은 후련하죠?

'난 여자야.'라는 사실을 온 마음과 몸으로 겪어 내야 하는 사춘기에는 막연한 호기심과 불안이 많이 생기게 마련이에요. 괜찮아요. 내 삶과 몸에 관심을 갖는 건 좋은 일이니까요. 정확하고 건강한 정보를 많이 배우고 내 몸을 아름답게 가꿔 간다면, 사춘기가 다 지나갈 무렵에는 정말 멋진 여성이 되어 있을 거예요.

✺ 내 음경이 작은 건가요?

소년들의 성적 관심은 단연 자신의 음경에서부터 출발합니다. 아주 자연스러운 일이에요. 게다가 음경에 대한 이런 관심은 어느 날 갑자기 생기는 것도 아니랍니다. 아동기에도 자신의 음경에 관심을 갖고 가지고 노는 시기가 있어요. 유명한 심리학자 프로이트는 그 시기를 '남근기'라 불렀죠.

바야흐로 시간이 흘러 다시 나의 음경에 관심이 생기는 시기가 왔어요. 이번엔 그냥 '신기한 내 몸'이 아닌 나의 '남성적 자존감'으로 말이죠. 이 시기부터는 고민이 많아져요. 은근히 다른 친구들과 비교를 하기도 하고, 날마다 들여다보며 관찰하게 되죠. 어떤 친구는 음경이 키나 발 크기에 비례해서 커지는 건지 고민하기도 하더군요. 물론 답은 '아니다.'입니다.

여성의 가슴처럼 남성의 음경도 5단계에 걸쳐서 성장해요. 그러니 내 것이 정말 큰지 작은지 알기 위해서는 만 스무 살이 되어야 한다는 말씀! 그리고 발기되지 않았을 때의 크기 차이는 발기된 상태의 차이와 크게 상관이 없어요. 발기되지 않은 상태에서 작은 음경은 발기가 될 때 부푸는 비율이 더 커서 결과적으로는 거의 비슷해진다고 하니까요. 그런데도 조금 작다고 놀리는 친구들이 꼭 있죠? 지금 얼마나 큰지 모르겠지만, 스무 살이 돼서 다시 비교해 보자고 해요.

음경이 너무 크면 오히려 여자에게 고통만 준다는 사실을 아나요? 여성의 질은 탄탄한 근육 조직으로 되어 있는데, 길이가 평균 6~8센티미터 정도예요. 근육이니까 성관계를 할 때 음경의 형태에 따라 어느 정도 맞춰지기는 하지만, 음경이 너무 크면 자궁 입구를 자극해서 무척 불쾌하고 아프답니다. 아무리 크면 뭐해요? 여성이 싫어하는데!

발기했을 때 5센티미터 이상만 되면 성관계를 하고 여성을 만족시키는 데 아무 문제가 없어요. 게다가 여성들은 사실 남성의 음경 크기에 거의 관심이 없답니다. 세심하게 배려해 주는 모습을 훨씬 중요하게 생각하죠. 그러니 이젠 크기 문제로 놀리거나 으스대는 친구가 있으면 이렇게 생각해 주자고요. '쯧쯧, 무식한 것들.'

여기서 잠깐! 혹시 음경 안에 뼈나 근육이 있어서 커진다고 생각하는 친구가 있는 건 아니겠죠? 음경은 혈관 조직과 예민한 피부만으로 이루어진 기관이랍니다. 성적으로 흥분하면 '해면체'라고 부르는 스펀지 같은 조직에 피가 가득 차서 단단해지는 거예요. 그러니 잘못된 정보를 믿고 '음경을 단련해야 한다.'는 등의 이상한 생각은 하지 말아요. 음경을 건강하게 하고 싶다면 신선한 채소를 많이 먹고 운동을 하는 게 좋아요. 혈액 순환이 잘 되고 혈관이 튼튼해지도록 말이죠. 그리고 술과 담배는 장기적으로 볼 때 발기부전을 만드는 주범이라는 사실을 기억해 두세요.

✿ 포경수술을 꼭 해야 하나요?

내가 초등학생이었을 때만 해도 같은 반 남자아이들 대부분이 포경수술을 했어요. 수술을 하면 한동안은 아파서 제대로 걷지도 못하고 고생을 많이 한다는 얘기를 어깨너머로 듣곤 했죠. 수술을 남자가 되는 통과의례처럼 여기는 친구들이 많았어요.

포경수술이 정확히 어떤 건지 알고 있나요? 음경을 감싸고 있는 피부를 잘라 귀두를 노출시키는 수술이에요. 이렇게 하는 것이 위생적으로 더 좋다고 생각하죠. 하지만 원래는 남자들이 모두 포경수술을 해야 하는 건 아니에요. 그냥 놔둬도 대부분은 만 스무 살 정도가 되면 자연스럽게 포피와 귀두가 분리돼요. 굳이 수술을 할 필요가 없죠. 간혹 성인이 돼서도 분리가 되지 않는 경우가 있는데, 이런 경우를 바로 '포경 상태(음경이 피부에 싸여 있는 상태)'라 불러요. 그런 사람들은 수술을 해 줘야 하죠.

깨끗하게 관리를 한다면 굳이 수술을 할 필요는 없어요.(샤워를 할 때 포피를 뒤로 당겨 피부가 겹쳐 있는 부분을 깨끗이 씻어 주면 돼요. 하지만 비누를 쓰거나 문지르지 않는 것이 좋아요. 염증이 생기기도 하니까요.) 성인이 되면 자연스레 분리가 되니까요. 포경 상태라 하더라도 대부분 발기나 성관계에 크게 불편함을 주지는 않아요. 그래도 하고 싶다면 부모님과 잘 의논해서 주체적으로 선택하세요.

✽ 시도 때도 없이 음경이 커져요

이것 때문에 고민하는 친구들이 생각보다 많아요. 안타까운 일이죠. 자연스러운 현상인데도 어쩐지 부끄럽고, 변태 같아 보일까 봐 어쩔 줄 몰라 하니까요. 하지만 야한 생각을 해야만 발기가 되는 건 아닙니다. 자는 동안 주기적으로 오는 REM 수면기(뇌가 꿈을 꾸기도 하는 얕은 수면 구간을 말해요.)에 생기는 '아침 발기'도 성적 자극과는 아무런 상관이 없는 것이랍니다.

사춘기가 와서 성호르몬이 증가하고 몸의 변화가 시작되면 남성의 음경도 왕성하게 활동합니다. 정자 생산도 활발해지고, 어릴 때는 쓸 일이 없었던 발기 시스템도 뇌의 명령으로 민감하게 작동하기 시작하죠. 그런데 이 모든 변화는 아직 미완성 상태이기 때문에 오작동을 하기 마련이에요. 사춘기에 몽정을 하는 것도 이 때문이죠.

발기가 된다는 것은 음경 안으로 피가 몰린다는 뜻이에요. 원래는 성적인 자극을 받으면 그렇게 되죠. 그런데 성호르몬이 무척 왕성한 데 비해 몸은 아직 미성숙한 사춘기 때에는 약간의 마찰이나 때로는 아무 자극이 없어도 수시로 시스템이 오작동해서 피가 몰려요. 심지어는 어디에 부딪치거나 놀라기만 해도 사정을 하는 경우도 있죠. 이것을 '유정'이라고 하는데, 역시 시스템이 미숙해서 생기는 일이에요. 몸이 다 자라고 나면 괜찮답니다.

이 모든 일은 내가 변태이거나 비정상이어서 생기는 일이 아니에요. 아무 자극이 없어도 이렇게 예민한데, 성적인 상상을 하면 얼마나 민감하게 반응하겠어요? 몸이 왕성하게 자라고 있다는 증거죠. 그러니 제일 먼저 해야 할 일은 수치심을 없애는 거예요. 음경이 발기되는 건 그냥 자연 현상이라고 생각하세요. 음경의 발기가 반드시 성관계를 하겠다는 표현은 아니에요. 몸이 완전한 시스템을 만들기 위해 연습하는 거죠.

하지만 다른 사람들이 본다면 오해를 할 것 같죠? 자주 발기가 돼서 불편하다면 일단 삼각팬티를 입으세요. 몸에 음경을 밀착시켜 줘서 커져도 표시가 덜 나니까요. 음경 건강에는 사각팬티가 더 좋지만, 불안해서 학교생활이 불편할 정도라면 좋은 방법이 될 거예요. 그리고 잘 가려지는 옷을 입으면 마음이 한결 편하겠죠. 무엇보다 가장 효과적인 방법은 발기가 됐을 때 당황하지 말고 마음을 편안히 하는 거예요. 긴장을 풀고 차분하게 애국가나 수학 공식 같은 것을 떠올리다 보면 몇 분 안에 가라앉는답니다. 억지로 힘을 써서 가라앉히려 하면 음경이 큰 상처를 입으니 절대 금물이에요. 멋진 남성으로 자라 가고 있는 내 몸의 변화를 느긋하게 받아늘여 주세요. 부끄러워하거나 긴장하지 않으면 더 쉽게 조절하게 될 거예요.

✳ 몽정을 하는 것에 죄책감이 들어요

첫 몽정을 하고 나면 이런 기분을 느끼는 친구들이 많아요. 찝찝하고 왠지 나쁜 짓을 한 것 같죠. 그런데 이 사실을 아나요? 몽정을 하는 이유는 내가 야한 생각을 하고 야한 꿈을 꿨기 때문이 아니랍니다. 오히려 몽정을 하면서 받는 자극 때문에 야한 꿈을 꾸게 되는 거예요.

여자는 태어날 때부터 난자를 가지고 있지만 남자는 정자가 없이 태어납니다. 사춘기가 되어 남자의 몸이 성장하고 나면 74일에 걸쳐 정자를 만들어 내죠. 정소 안에 있는 세정관에서 떨어져 나온 상피 세포들이 정자로 변하는데(신기하죠? 원래는 피부 세포였던 녀석들이 정자로 변신하는 것이라니!), 사춘기가 시작되면 엄청난 양의 정자가 주기적으로 만들어져 몸에 쌓여요. 성인이라면 아무리 많은 양이라도 몸이 흡수해 버려서 거의 몽정을 하지 않아요. 하지만 아직 몸이 만들어지는 과정인 청소년기에는 그 정자를 모두 흡수하지 못해요. 남아 있는 정자들은 뇌가 사정을 억제하는 힘이 약해지는 수면 중에 밖으로 나오게 되는데, 이게 바로 몽정이랍니다. 그러니까 몽정은 완전히 성숙되지 않은 남성 시스템 때문에 생기는 현상이죠.

남성의 몸에서 가장 예민한 감각을 가진 곳이 바로 음경이에요. 그래서 더 이상 갈 곳이 없는 정액이 몸 밖으로 나오게 되면 쾌감을 느낄 수밖에 없죠. 뇌는 그런 감각에 맞는 이미지를 떠올리는 거고요. 야한 꿈을 꾸는 이유를 알겠죠?

몽정을 하는 건 나쁜 일이 아니에요. 누구나 겪는 성장의 과정이죠. 그러니 이제 몽정을 하면 '내 몸에서 정자가 왕성하게 만들어지고 있구나.'라고 생각하세요.

❋ 자위를 많이 하면 키가 자라지 않나요?

자위를 시작한 많은 친구들의 은밀한 걱정이죠. 사춘기가 되면 넘치는 성호르몬 때문에 대부분이 자위를 하게 돼요. 꼭 음란물을 보지 않아도 잠결에 아침 발기가 된 음경을 만지기도 하고, 샤워를 하다가 만지면서 기분 좋아지는 걸 알게 되는 친구들도 있죠. 앞에서도 말했지만, 성기를 만지고 거기서 쾌감을 얻는 것 자체는 나쁜 일이 아닙니다.(여자 친구들도 마찬가지예요. 단, 여자들은 음핵(클리토리스)을 만지는 자위를 얘기해요. 질 안에는 아무것도 넣으면 안 돼요. 세균에 감염되거나 상처가 생겨서 병에 걸릴 수 있어요.) 아주 자연스러운 과정이죠. 다만 자위를 지나치게 많이 하거나 음란물과 결합돼서 중독이 된다면 문제가 좀 달라지죠.

자위를 많이 하면 키가 자라지 않느냐고요? 답은 '그럴 가능성도 있다.'입니다. 자위행위 자체가 큰 영향을 미치지는 않지만, 지나치면 성장 호르몬과 성호르몬의 균형이 깨져서 성장판이 일찍 닫히기도 한다고 해요. 하지만 이보다 더 큰 영향을 받는 곳은 따로 있어요.

정자를 만들어 내는 곳인 정소는 차가워야 합니다. 그런데 자위행위를 많이 하면 이 정소가 있는 고환이 열을 받아서 정자가 잘 만들어지지 않아요. 그리고 정소는 남성호르몬인 테스토스테론을 만드는 곳이기도 하죠. 이 테스토스테론은 정자를 만들도록 자극할 뿐만 아니라 근육과 뼈를 발달시켜 남성적인 모습으로 성장하게 하는 역할을 합니다. 그런데 지나친 자위행위는 지나친 정자 생산을 강요하죠. 그럼 이 테스토스테론의 양이 넘치다가 결국에는 보통 사람보나 훨씬 낮은 수준으로 떨어지게 돼요. 호르몬은 우리 몸에서 무한대로 생산되지 않으니까요. 우리 몸에 있는 여러 가지 호르몬은 서로 민감하게 균형을 맞추며 우리 몸을 조율하는 지휘자예요. 그런데 한쪽 호르몬의 균형이 깨지면 다른 호르몬들의 균형도 망가집니다. 결과적으로 지나친 자위행위는 몸에 좋지 않은 영향을 미치게 돼요.

자위행위를 할 때 느끼는 성적 쾌감은 온몸을 긴장시키고 흥분시켰다가 사정이 되는 순간 최고의 정점을 찍어요. 그런 다음에는 몸이 급속하게 이완되죠. 그 과정에서 혈액 순환이 급격하게 빨라져 심장이 빨리 뛰고 모든 근육과 혈관이 긴장됩니다. 뇌도 강한 자극을 받죠. 이런 과정은 많은 에너지를 쓰는 일종의 스트레스로 작용해 몸에 부담을 줘요. 한두 번은 괜찮지만, 이런 스트레스를 너무 많이 받으면 몸이 피곤해지고 뇌는 에너지를 소모해 집중력이 약해지죠. 신장에도 무리가 될 수 있고요. 게다가 지나치게 거친 자위로 요도나 음경이 상처를 입거나 음경 안의 혈관이 다치는 경우도 있다고 해요.

좀 무섭게 이야기했지만, 이건 어디까지나 지나치게 했을 때 일어날 수 있는 일이에요. 그래도 이런 정보를 정확하게 알고 있으면 좋겠어요. 걱정하고 불안해하면서 하라는 말이 아니에요. 성적인 쾌감을 누리는 것도 자신을 잘 관리하면서 건강하게 하길 바라는 거예요. 몸에 부담을 주지 않을 정도의 횟수는 일주일에 1~2회 정도라고 하네요. 물론 편안하고 깨끗한 상태에서 해야겠죠?

여기서 잠깐만! 자위행위를 할 때 음란물을 보며 하는 경우가 많은데, 그러면 지나친 자극 때문에 중독이 되기 쉬워요. 뇌가 활발하게 완성되어 가는 청소년기에 음란물의 강렬한 자극을 반복적으로 받으면 다른 쪽 뇌가 발달되지 않아서 성인이 된 뒤에도 중독에서 벗어나기 어렵습니다.

조루를 겪는 가장 큰 원인 중 하나가 야동이에요. 야동은 남성의 급격한 성 충동에 맞춰서 짧으면 5분에서 15분 안에 사정을 하도록 만들어져요. 그런데 실제 성관계는 5~15분 만에 끝나지 않죠. 여성은 준비가 되는데 더 많은 시간이 걸리거든요. 그래서 정말 기분 좋은 성관계를 하려면 사정 욕구를 참는 연습을 해야 하는데, 야동으로는 그런 연습을 할 수가 없어요. 야동을 보면서 자위하는 데 익숙해질수록 사랑하는 사람을 만족시키지 못하는 남성이 될지도 몰라요. 멋진 성관계와 사랑을 꿈꾸고, 그걸 해 보고 싶어 야동도 보는 친구들에게는 깜짝 놀랄 사실이죠.

자위행위를 할 때 야동을 가능한 한 멀리 떼어 놓으세요. 가장 좋은 방법은 야동을 안 보는 거죠.(이건 너무 어렵나요?) 보더라도 보는 동안은 자위를 하지 말고, 야동을 끈 다음 자위를 해 봐요. 하지만 쉽지는 않을 거예요. 야동은 보는 동안 성적 충동이 최고조에 달하도록 만드니까요. 그러니 가장 좋은 방법은 야동을 보는 횟수를 줄이는 거예요. 그리고 야동 없이 자위를 하는 횟수를 점점 늘려 보는 거죠. 자위를 할 때도 사정을 참는 연습을 해 보는 게 조루 예방에 좋다고 해요.

왜 갑자기
아빠가 싫어질까요?

사춘기가 되어 자아가 발달하게 되면 소녀들은 어릴 때에는 세상 누구보다 멋졌고, 할 수만 있다면 엄마 대신 내가 결혼하고 싶을 정도로 좋았던 아빠가 어느 날부터 왠지 싫어져요. 길거리에서 만나는 여느 중년 아저씨와 다를 바 없어 보이고, 좋기만 했던 아빠 품과 아빠 냄새도 어쩐지 거부감이 들죠. 이제는 아빠가 만지는 것도 너무 싫어요. 왜 이러느냐고요? 바로 아빠가 아빠이기 이전에 남자로 인식되기 때문이죠.

딸을 둔 많은 아빠들이 내 아이에게 찾아온 이런 변화에 당황하고 상처받는다는 걸 아나요? 아빠의 눈에는 아직 마냥 어리기만 한데, 그 예쁜 딸이 어느 날 갑자기 "만지지 마. 아빠 변태 아냐?"라고 하니까요. 그런 말을 하는 딸의 마음도 편치는 않죠. 왠지 미안하기도 하고, 너무 못되게 구는 것 같고……. 그러면서도 그냥 싫고 짜증이 나는 마음은 어쩔 수 없어요. 아빠와 같은 집에 있는 것조차 싫을 정도로 말이에요.

아빠에게는 물론 딸에게도 낯설고 당황스러운 이런 상황은 왜 찾아오는 걸까요? 사실 이 속엔 큰 비밀이 숨어 있어요. 예전엔 그저 '사람'으로 좋았던 대상들이 홍해 바다가 갈리듯 '남자'와 '여자'로 구분되기 시작하면, 나와 같은 사람은 여자고 다른 사람은 남자라는 인식이 생기죠. 이때 여성은 이성인 남성에 대해 수치심과 두려움을 느끼는 동시에

본능적인 끌림을 느껴요. 남성이 호기심과 두려움의 대상이 되는 거예요. 바로 나와 '다르기' 때문이지요.

사춘기에 몸이 변하기 시작하면, 나와 다른 몸을 가진 대상에 대한 인식이 뚜렷해집니다. 소녀들은 아빠가 나와 다른 몸을 가진 존재, 바로 '남성'인 것을 본능적으로 느끼죠. 그래서 이 시기의 딸들은 아빠를 아빠가 아닌 남성으로 대하게 되는 거예요. 그런데 비단 아빠에게만 그런 거부감을 표현하는 게 아니에요. 밖에서 부딪치는 또래의 소년들에게도 똑같이 대하죠. 접촉을 끌림과 수치심의 기준으로 생각해서, 조금이라도 몸이 닿으면 꺅꺅 소리를 지르고 변태라고 공격하곤 한답니다. 이 시기에 이성 사이에서 '친구끼리의 아름다운 우정의 손잡기' 같은 말은 생각하기 어려워요.

수치심은 왜 생기는 걸까요? 그건 자신의 몸이 달라지면서 상대방에게도 성적인 존재, 즉 '여성'으로 보인다는 걸 인식하기 때문이에요. 이 모든 과정을 무사히 거치고 난 후 성인이 되면 나를 여성으로 보는 것을 당연하게 받아들이고 즐길 줄도 알게 되지만, 지금은 그럴 여유가 없죠. 자신도 변화가 낯설어 한창 예민한데, 상대방까지 나를 여성으로 본다고 의식한다면 본능적으로 수치심과 두려움이 생길 수밖에 없지 않을까요?

두려움이 생기는 이유는 바로 남자가 여자보다 힘이 세기 때문입니다. 모든 소녀들은 성의 차이를 인식하면서 이 사실을 본능적으로 알게 되죠. 호르몬이 다르다는 걸 무의식적으로 느끼거든요. 그래서 일단 남자로부터 자신을 보호해야 한다는 경각심을 갖습니다. 몸은 여성으로 변하고 있는데 이런 경각심이 없다면 더 큰 문제겠죠. 그래서 기본적으로 남자가 가까이 오는 걸 싫어하고 만지는 걸 거부하는 예민함이 생겨나요. 바로 자신을 지키기 위해서죠.

끌림이 생기는 이유도 서로 '다르기' 때문입니다. 자신이 성적인 존재라는 걸 알게 되니까 나와 성적인 존재로 잘 어울릴 상대방에 대한 관심도 높아지죠. 호르몬이 만들어 내는 이런 본능적인 끌림이 없다면 인류는 존재하지 못했을 거예요.

이런 본능적인 변화가 정신없이 휩쓰는 동안, 소녀는 서서히 여성이 되어 갑니다. 아빠가 싫어지는 것도 이 과정에서 생기는, 어쩔 수 없는 과도기적 현상인 거죠. 내가 여성임을 충분히 배우고 그 사실에 익숙해지면, 다른 사람도 이성이기 이전에 사람이라는 사실을 알아볼 눈이 생겨요. 그때가 되면 아빠는 다시 나의 소중한 아빠가 될 겁니다. 오래 걸리지는 않을 테니 염려하지 마세요. 아빠를 사랑하는 마음이 내 안에서 사라진 게 아니니까요. 지금은 더 큰 변화가 잠깐 그 위를 덮고 있을 뿐이에요.

왜 나도 모르게
엄마 가슴을 보게 될까요?

사춘기라는 혁명이 소녀들의 마음을 어떻게 변화시키는지 알아보았어요. 그럼 이런 변화가 소년들에게는 일어나지 않느냐고요? 물론 일어나죠. 아주 강렬하고 폭발적으로요.

소녀들에게 사춘기가 오면 마치 홍해가 갈리듯이 '남자'와 '여자'로 구분해서 생각하게 된다고 말했죠? 소년들도 마찬가지예요. 이때부터

소년들에게도 말 못할 고민이 생기기 시작합니다. 바로 모든 여성이 성적인 존재로 보이는 것이지요.

이상하거나 나빠서 그런 게 아니랍니다. 사춘기 소년들의 몸속에서는 테스토스테론이 폭발하고 있어요. 테스토스테론은 성 욕구, 특히 충동적이고 강렬한 성 욕구를 일으키는 호르몬이에요. 그런데 소년이 사춘기에 들어서기 시작하면 그 양이 자그마치 20~50배나 증가합니다. 뇌가 테스토스테론의 홍수에 잠기는 거예요.(물론 실제로 뇌가 잠길 만큼 많은 양이 나온다는 말은 아니에요. 호르몬은 아주 적은 양으로 우리 몸을 조절하거든요.) 어릴 땐 그렇게 미약했던 성적인 공상이나 욕구가 미칠 듯이 강해지는 건 당연하죠.

이 테스토스테론은 남성의 2차 성징에 핵심적인 역할을 해요. 몸의 형태를 남성답게, 목소리와 생각을 남성답게, 성 기능과 성 욕구를 남성납게 만들어 주는 호르몬이죠. 그래서 테스토스테론이 없으면 남자가 되지 못한다고 생각해도 과언이 아니에요. 하지만 성적 공상과 충동을 불러일으키는 호르몬이다 보니 폭발적으로 성장할 시기에는 힘들 수밖에 없죠. 또 인간에게는 오로지 성적 흥분과 행동만을 조절하는 'INHA-3'라는 세포가 있는데, 이 세포의 크기도 남성이 여성보다 2배나 크답니다. 그러니 남성은 성적인 공상과는 떼려야 뗄 수 없는 운명인 거예요.

최근에 영국에서 날개 돋친 듯 팔린 책이 있어요. 『남자가 섹스 외에 생각하는 것』이라는 책이지요. 그런데 놀랍게도, 이 책은 표지만 있을 뿐 200여 쪽에 달하는 본문이 모두 백지랍니다. 이런 사기꾼이 있나! 사실 이 책을 쓴 저자는 사기꾼도, 장사꾼도 아니에요. 옥스퍼드 대학 출신의 셰리든 시무브라는 사람인데, 남성들이 섹스 말고 생각하는 게 뭔지 수년 동안 열심히 연구했다고 하네요. 그런데 결국 내린 결론은 '섹스 외에 전혀 없다.'였어요.

짐승! 변태! 이 책을 읽고 있는 소녀들 중에 혹시 이렇게 생각하는 친구가 있나요? 오해 마세요. 소년들 역시 자신의 미래에 대해 고민도 하고, 공부도 열심히 한답니다. 다만 이런 성적인 생각과 공상이 그만큼 자연스럽게 깔려 있는 경우가 많다는 말이에요. 한 연구 기관의 조사에 의하면 18~30세의 남성은 평균 52초마다 한 번씩 섹스에 대해 생각한다고 해요. 물론 평균이니까 개인차가 있어요. 중요한 점은 남성들이 성에 대해 생각하는 것은 이상한 일이 아니라 자연스러운 일이라는 거죠.

성적인 생각과 욕구가 계속 일어난다고 해서 내가 음란한 사람이거나 나쁜 건 결코 아니에요. 나만의 문제도 아니죠. 몸이 완성되고, 뇌도 잘 자라고 나면 훨씬 균형 잡히고 편안해진답니다.

앞에서 얘기했듯이, 엄마나 아빠조차도 나와 다른 이성으로 느껴지는 시기이기에 예기치 못한 순간 엄마의 가슴을 보고 있는 나를 발견하기도 해요. 하지만 그건 본능적인 반응일 뿐, 내가 실제로 어떤 행동을 하는 게 아니잖아요. 엄마를 사랑하니까요. 혼란스럽고 감당하기 어려운 호르몬의 홍수 속에서 매일 아들로, 친구로, 학생으로 열심히 살고 있는 여러분! 지금 그대는 멋진 남성으로 만들어지는 중이에요. 이 시간이 지나고 나면 자기 욕구를 잘 조절할 뿐만 아니라 다른 사람을 존중하고 배려할 줄 아는 진짜 남자다운 청년이 되어 있을 거예요. 그 시간을 위해 이런 큰 변화를 겪는 거랍니다.

죄책감을 느끼지 마세요

어느 날 갑자기 나에게 찾아온 변화, 막연하게 알고 있었지만 생각보다 훨씬 큰 변화에 10대 친구들은 누구나 당황하고 혼란스러워합니다. 내가 어딘가 잘못된 건 아닌지, 다른 아이들만큼 잘 성장하고 있는 게 맞는지 걱정과 불안이 쌓여 가죠. 게다가 복잡한 내 마음은 몰라주고 부모님과 학교에서는 점점 공부와 미래에 대한 부담을 줍니다. 동병상련인 친구들이 있어 그나마 견디지만, 때로는 너무 짜증이 나고 신경질이 폭발해 어딘가로 뛰쳐나가고 싶기도 해요. 태어나서 처음으로 부모가 없으면 좋겠다는 생각을 해 보기도 하지요.

지금은 고민의 계절이랍니다. 이런 고민을 하면서 내 속을 들여다보고, 더 깊고 넓게 자신을 만들고 있어요. 나 자신이 외부 조건, 즉 부모의 바람이나 심지어 친구들보다 중요함을 배우고, 나의 세계를 독립시켜 가

는 엄청나게 중요한 작업을 하는 중이죠.

급격한 몸의 변화나 감정의 변화를 만나면 처음에는 마음대로 되지 않아 힘들 거예요. 갑자기 살이 찌기 시작해 스트레스를 받는 소녀들도 있죠. 괜스레 엄마에게 짜증을 내고서는 돌아서서 후회하고, 호기심에 나쁜 짓을 해 놓고 금세 후회하기도 하죠. 소년들은 모두 잠든 밤에 조용히 야동을 보면서 주체 못할 흥분과 죄책감을 느끼기도 해요. 아직은 모든 게 낯설고 불안한 시기, 남들도 다 그런다고 하지만 달라지는 내 모습과 새로운 감정이 어쩐지 잘못된 것만 같아 속상한 시기가 바로 여러분들이 처음 만나는 사춘기예요. 하루에 몇 번씩 오르락내리락하는 감정도, 어제는 좋았다가 오늘은 너무 싫어지는 변덕스러움도 모두 괜찮아요. 우린 지금 열심히 변하는 중이니까요.

"너 요즘 갑자기 왜 그러니?"라는 꾸중을 듣더라도 죄책감을 느끼지 마세요. 대신 스스로를 충분히 이해해 주세요. '어른이 되느라 내 속에서 큰 변화가 일어나고 있구나.'라고. 자신의 든든한 편이 되어 주세요. '괜찮아. 지금 실수하고 힘든 경험들이 도리어 자라면 도움이 될 거야.'라고. 자신을 소중히 생각하면 더 크고 위험한 실수도 막을 수 있어요.

지금은 죄책감이 아니라 이해가 필요한 시기랍니다. 모두가 걸어가고 있는 길이에요. 바로 아래 학년 동생들이 어리게 보일 만큼, 한 해가 다르게 신체적으로도 정신적으로도 부쩍부쩍 성숙해질 거예요. 그러니 우리 안심하고 기대하기로 해요. 멋진 성인이 되어 있을 나의 모습을.

3

은밀한 세상에
눈을 뜨다

은밀한 세상에 눈을 뜨다

처음으로 키스신을 보았을 때, 그 충격과 두근거리던 느낌을 나는 아직도 기억해요. 나도 모르게 같이 텔레비전을 보던 어른들 눈치를 보게 되고, 뭔가 못 볼 걸 보기라도 한 듯이 괜히 긴장되고 불안했죠. 애써 태연한 척, 아무것도 모르는 척하려 했지만, 그날 밤 자기 전에 몇 번이나 그 장면을 다시 떠올렸어요. 내가 순진하다고요? 흥, 여러분도 다 이런 경험이 있잖아요?

태어나서 처음으로 성적인 장면을 접할 때 느끼는 기묘하고도 비밀스런 기분……. 그날부터 우리에게는 엄마한테도 말하지 못하는 나만의 세계가 생기기 시작하는 거예요. 성적 존재인 나만이 들어갈 수 있는 비밀의 방이죠.

친구들이
이상한 얘기만 해요

요즘 들어 친구들이 모이기만 하면 이상한 얘기를 해서 불편하지는 않나요? 야동 얘기며 누가 여자 친구랑 잔 얘기, 홍등가에 대한 경험담을 자랑스레 늘어놓거나(정말 가 봤는지는 모르겠지만) 직접 '끝내주는' 자료를 가져와 구경시켜 주는 친구까지! 쉬는 시간마다 이런 얘기뿐이죠.

여학생들도 만만찮아요. 누가 누구랑 그랬다더라, 누구는 임신을 했다더라, 누구는 남자 친구랑 어디를 갔다더라, 누구는 정말 변태같이 행동한다더라……. 솔깃하기는 하지만 듣고 나면 왠지 기분이 찝찝해요. 물론 학교에서 이런 얘기를 한다는 사실은 부모님께는 절대 비밀이죠.

우리끼리의 비밀인 성적인 생각과 대화는 점점 많아지기만 합니다. '내가 변태가 된 걸까?'라는 생각이 들기도 하고, 내가 하는 생각을 들킬까 봐 무섭기도 해요. 떨치려 해도 더 커지기만 하는 성적인 세계는 어느새 숨기고 싶은 또 하나의 내가 되어 갑니다. 남들 앞에서 보여지는 나와 숨기고 싶은 나. 착한 학생인 나와 야한 것에 끌리는 나……. 어쩌다 나의 세상이 이렇게 나뉘고 만 걸까요?

매일 학교에서 살던 나의 고3 시절, 한 친구가 야한 소설책을 가지고 와 친구들에게 돌리곤 했어요. 친구들은 그걸 보며 낄낄거렸지만, 나는 '저질스럽게 뭐하는 짓이람.'이라고 생각하며 마음속으로 잘난 척을 했죠. 사실은 어떤 내용인지 궁금했지만, 절대로 보여 달라고 말하지 않았어요. 자존심이 있었거든요.

말을 하지는 않았지만 야한 이야기와 야한 매체들에 자꾸 호기심이 생기고 관심이 갔어요. 그러면서도 그런 자신을 들키는 게 죽기보다 싫고, 여전히 그런 것에 관심 갖지 않는 순수한 사람이고 싶었죠. 나도 모르게 '야한 것=나쁜 것'이라는 공식이 입력된 거예요. 어린 시절 순수했던 나는 애초에 성이 나쁜지 좋은지 판단조차 하지 않았는데 말이죠.

하지만 여러분은 이제 성장했어요! 더 이상 순진하기만 한 아이가 아니에요. 그럼 타락한 것이냐고요? 그럴 리가요! 성에 대해 의식하는 건 결코 나쁜 게 아니에요. 자연스럽게 진행되는 과정이니까요.

남녀를 불문하고 이 시기에 우리 몸에서 제일 많아지는 호르몬은 바로 성호르몬이에요. 성호르몬은 여러분의 성장과 밀접한 관련이 있어요. 성호르몬을 거부한다면 "난 자라지 않겠어."라고 말하는 것과 다름이 없죠. 그런데 성호르몬이 몸에만 영향을 미칠까요? 아니에요. 성호르몬의 영향을 가장 많이 받는 곳 중 하나는 바로 뇌예요. 우리가 느끼는 감정은 호르몬(일명 신경전달물질이라고 하죠.)으로 만들어진다고 해도 과언이 아닐 만큼 우리가 생각하고 느끼는 것과 깊은 연관이 있어요. 성호르몬은 몸을 자라게 하고 성적 충동을 일으킬 뿐만 아니라 뇌가 하는 일, 즉 우리의 판단과 사고에도 많은 영향을 미쳐요.

사춘기에는 이 세상이 '차이'로 가득 차 있음을 알게 돼요. 성이 바로 그 대표적인 차이죠. 어릴 때 우리는 다른 아이가 '나와 비슷하다.', 이 세상이 '내가 느끼는 것과 같다.'라고 생각하며 자랍니다. 좀 어려운 말로는 '분화'가 덜 되었다고 설명해요. 세상과 내가 한 덩어리로 연결되어 있다고 느끼는 거죠.

그런데 성호르몬이 활발해지면 뇌는 우리에게 '넌 이성과 다르다.'는 차이를 강력하게 인지시켜요. 이 생각은 차츰 '난 누구와도 다르다.' 라는 생각으로 발전하죠. 이런 힘찬 변화 때문에 우리는 부모님과의 다름, 선생님과 친구들과의 다름을 느끼며 남들이 반항이라 부르는 여러 갈등을 경험하는 겁니다.

이런 급격한 변화가 좀 힘든가요? 지극히 당연한 마음이에요. 여러분이 계속 순수함을 유지하고 싶은 이유가 바로 변화에 대한 거부감 때문이니까요. 나와 연결되어 있고 나와 비슷하다고 느끼던 세상이 달라 보이기 시작하면서 사람은 누구나 소외감과 불안을 느껴요. 더구나 탄생의 뿌리인 부모님과 내가 분리된 존재임을 느끼게 되면 그 불안은 엄청나죠. 그래서 여전히 나와 비슷하고 날 비춰 줄 대상인 동성 친구들과의 유대가 더욱 강해지는 겁니다. 세상에 혼자 서기에는 아직 미완성인 존재니까요.

그런데 그 친구들이 야한 이야기를 하기 시작해요. 나도 내 안에 이전엔 없던 감정들이 생겨나서 당혹스러운데 말이죠. 이걸 어떻게 받아들여야 할지 고민이 되는 게 당연해요. 인정해 버리면 내가 너무 이상하게 보이지는 않을지 고민이 되기도 하죠. 그래서 자신의 활발한 성 욕구를 숨기려 해요.

괜찮아요. 지금은 성을 중심으로 모든 차이를 인식하는 게 당연한 시기니까요. 여러분에게 '나는 남들과 달라.'라는 걸 가르쳐 주는 가장 중요한 선생님이 바로 성호르몬이라는 걸 기억하세요. 용기를 내 봐요. 숨기려 애쓰지 않아도 괜찮아요. 물론 그렇다고 성적 호기심에만 몰입하라는 얘기는 아니지만, 여러분은 지금 '단 하나뿐인 나'를 알아 가려고 첫걸음을 뗀 것이니 성적인 호기심도 있는 그대로 인정하고 표현해 봐요. 여러분의 성장과 변화를 즐겁게 관찰하세요. 성적인 자아 다음에는 얼마나 더 다채로운 내가 펼쳐질지 기대되지 않나요?

내 머리가
미쳤나 봐요

　언젠가부터 '여자(남자)의 몸은 나와 어떻게 다를까?'라는 궁금증이 생겼어요. 그런데 이 생각이 점점 커져 가더니 하루 종일 머릿속에서 떠나지 않습니다. '기회만 있으면 보고 싶다.'는 바람도 커져만 가죠. 옛날에는 '아이스케키(여자아이의 치마를 몰래 들춰 올리며 '아이스케키!'라고 외치는 거예요.)'라는 장난을 통해 이런 궁금증을 해소했다죠? 하지만 체면이 있지, 이 나이에 그런 걸 하고 다닐 수는 없잖아요? 그런데 세상은 이성의 몸과 성관계까지도 볼 수 있는 방법이 있음을 알려 줍니다.

　이름 하여 '야동'. 실오라기 하나 걸치지 않은 이성의 몸을 볼 수 있다니 얼마나 좋은 기회인가요? 더구나 이쯤이면 남녀가 어떻게 성관계를 하는지 알고 싶은 마음도 굴뚝같죠. 대부분의 친구들이 처음에는 순전히 호기심 때문에 야동을 봅니다. 그런데 이건 충격과 흥분의 도가니! 진짜 이성의 알몸과 함께 생생하고 과격한 성행위도 보게 된 거죠. 그날부터 성관계에 대한 생각에 사로잡힙니다. '보고 싶다.'라는 생각이나 '만지고 싶다.' 혹은 '해 보고 싶다.'라는 생각이 떠나지 않아요.

　이쯤 되면 스스로 심각해집니다. '내가 변태가 된 게 아닐까?'라는 불안감도 찾아오죠. 수업 시간에도, 등하굣길에도, 잠을 잘 때에도 이런 공상이 떠날 생각을 하지 않으니까요. 혹시 누군가 내 머릿속을 열고 들여다본다면 천하의 나쁜 놈이라고 욕할 것 같아 마음이 불편하죠. 더 이상 내 머리를 제어할 수가 없고, 감추느라 애쓰는 것밖엔 방법이 없어요.

야한 생각을 안 할 수 없느냐고요? 네, 안 할 수 없는 거예요. 그러니 죄책감은 이제 그만! 이미 설명했듯이 지금 여러분 몸속에서는 테스토스테론이 엄청나게 나오고 있어요. 사람에 따라 조금씩 차이는 있지만, 테스토스테론이 있는 한 성적인 욕구와 공상도 사라지지 않습니다. 그러니 내 머리가 내 마음대로 안 되는 게 당연하죠.

주위를 둘러보세요. 음흉한 눈빛으로 날마다 야한 이야기를 해 대는 친구들이 수두룩하죠? 모두가 같은 과정을 겪는 중이에요. 또 이 과정은 여러분의 존재 이유를 만들어 주는 중요한 단계입니다. 미국의 소설가 헤밍웨이는 자신이 더 이상 남성으로서 기능하지 못한다는 점 때문에 괴로워하다 자살했다고 해요. '겨우 그것 때문에?'라고 생각할지도 모르지만, 그만큼 중요한 문제라는 뜻이죠.

지금은 성 에너지가 성적 영역에 집중되어 있지만, 어른이 되면 자연스럽게 더 다양한 영역으로 퍼져 나갑니다. 제어가 안 될 정도로 넘쳐 나던 성적 에너지가 차츰 다양한 분야에 대한 호기심과 열정, 도전 정신으로 변하는 거죠. 생각해 보세요. 지금 느끼는 열정을 다른 일을 하는 데 에너지로 쓴다면 뭐든 해낼 것 같지 않나요?

실제로 테스토스테론은 근육과 뼈를 튼튼하게 만들 뿐만 아니라 추진력과 도전 정신, 카리스마적인 성격을 만드는 데도 중요한 역할을 합니다. 지금 여러분은 단순히 야한 생각만 하는 음흉한 사람이 아니라 멋진 성인으로 만들어지는 중이라는 거죠.

인간 에너지의 핵심에는 성 에너지가 있어요. 그래서 폭발적으로 성장하는 이 시기에 성적인 공상과 호기심이 생기는 것은 아주 당연합니다. 하지만 그 에너지를 더 큰 에너지로 확장시킬지, 오로지 성적인 목적으로만 쓸지는 여러분이 선택해야 해요. 내 몸과 호르몬의 주인은 결국 나니까요.

호르몬은 우리의 뇌에 작용해서 욕구나 경향성을 만들어 냅니다. 경향성이란 생각이나 행동이 어떤 방향으로 기울어지는 성향을 말하죠. 그러니 생각이 성적인 방향으로 흐르고, 야한 걸 보고 싶어지는 건 호르몬의 영향이에요. 하지만 '그 충동을 얼마나 따라갈 것인가?', '어떤 행동까지 해 볼 것인가?'는 호르몬이 결정하지 않습니다. 분명히 자신이 선택하고 행동에 옮기는 거예요.

성 에너지를 계속 성적인 생각과 행동으로만 소비하면 어른이 되어서도 성적인 영역에만 집중된답니다. 우리 뇌는 자주 쓰는 쪽으로 더 발달하기 때문인데, 특히 활발하게 발달하는 시기가 바로 청소년기예요. 그래서 어른들은 고리타분하게도 이 시기에 계속 "운동해라. 공부해라. 다양한 걸 배워야 된다."라고 잔소리하죠. 선생님은 잔소리의 편을 들고 싶지는 않지만, 이 시기에 다양한 걸 배우고 시도할수록 더욱 에너지를 창조적으로 활용하는 사람이 된다는 사실은 꼭 알려 주고 싶어요. 사춘기는 호르몬이 폭발적으로 나오는 시간이기도 하지만 호르몬의 경향성을 거슬러 올라가 보는 시간, 서툴지만 내가 주인이 되는 연습을 하는 시간이기도 하니까요.

그러니 성적인 생각이 들고 자꾸 야한 걸 보고 싶은 마음, 나아가 실제로 이성을 만져 보고 싶은 마음이 든다 해도 죄책감을 갖지 마세요.

대신 있는 그대로의 자신을 인정해 주세요. 지금은 이런 생각이 많이 들 때라고, 지금 이런 생각이 많은 만큼 더 창조적이고 열정적인 사람이 될 거라고 기대해 봐요. 분명 내 삶의 멋진 주인이 될 거예요.

부모님 모르게
보는 게 생겼어요

자, 지금 여기서 나에게만 속을 터놓고 얘기해 보기로 해요. 부모님께는 절대로 말하지 않을게요. 아무것도 모르는 순진하고 착한 자식 노릇 하려니 힘들죠? 야동이니 야오이니 하는 것들을 보는 친구 이야기가 나오면 "그 애들 변태야. 난 그런 거 징그러워서 싫어.", "우리 반 애들은 많이 보는데 난 별로 관심이 안 가던데?" 이런 말들로 부모님을 안심시키고 돌아서야 하는 복잡한 심정, 선생님은 알아요.

솔직히 다 털어놔 봐요. 부모님이 찾지 못하게 시스템 폴더 저 깊숙한

곳에 철저히 숨겨 둔 나만의 컬렉션(지울 때는 꼭 휴지통도 비워야 한다는 거, 알죠?), 매일 손에서 놓지 않는 비밀번호 걸린 USB와 스마트폰, 책상 서랍이나 침대 매트리스 밑에 꽁꽁 숨겨 놓은 여러분의 그 친구들 말이에요. 요즘은 인터넷 가상 드라이브가 유용하다죠? 가끔은 만화나 영화에서처럼 벽에 다른 차원의 문이 있어서 그 문을 열고 숨겨 놓을 수 있다면 얼마나 좋을까 상상해 본 적은 없나요?

후후후, 어떻게 아느냐고요? 놀랄 것 없어요. 부모님께는 절대 들키고 싶지 않은, 아무에게도 말하지 않는 나만의 성. 그것까지 같이 고민하고 도와주는 게 내가 하는 일이니까요.

자, 여러분의 취향은 어떤 것인가요? 도저히 말하지 못하겠다면 먼저 운을 뗄게요. 다른 사람에게 털어놓거나 물어보지 못해 뭐가 좋은지도 알 수 없었던, 여러분이 접하는 무수한 매체의 정체도 알아볼 겸 말이죠. 두근두근 야한 매체, 그것이 알고 싶다! 지금 시작합니다.

✳ 야동

야동은 바로 '야한 동영상'의 준말입니다. 소년들이 가장 선호하는 성 매체죠. 프로 연기자들이나 그걸 흉내 내는 아마추어 연기자들의 연기, 혹은 몰카('몰래 카메라'를 줄여 부르는 말이에요.) 같은 방식(이 방법은 정말 나빠요. 뒤에 더 자세히 설명할게요.)으로 남녀가 실제로 성행위를 하는 장면을 촬영한 영상을 말합니다. 실제로 어떻게 하는지도 볼 수 있고 소리와 움직임이 사실적으로 나오니까 아주 흥분되죠.

이런 글만 읽어도 호기심이 생겨서 보고 싶을 수도 있어요. 이해해요. 호기심과 성적 에너지가 가득한 때이니 충분히 그러리란 걸. 하지만 당장 실행에 옮기기 전에 그동안 내가 보아 온, 혹은 들어 온 이 야동이란 게 무엇인지 알고 가도록 해요.

어느 날부터 자꾸만 엄마의 가슴과 엉덩이를 만지려 하고, 밖에서도 여자만 보면 가슴을 만지려 드는 일곱 살 아이가 있었어요. 부모는 몹시 당황하고 속상해하다가 상담을 받았는데, 원인은 바로 음란물이었어요. 아빠가 받아 놓고 무방비하게 방치한 동영상을 일곱 살 아이가 본 거죠.

음란물에서는 더 강한 성적 자극을 위해 여배우의 가슴과 엉덩이를 지나치게 강조해요. 사실 그렇게 가슴이 큰 포르노 배우는 대부분 확대 수술을 받은 사람들이에요. 아직 성적 욕구가 뭔지도 잘 모르는 어린아이가 여성의 몸에는 가슴과 엉덩이밖에 없는 것처럼, 그리고 그런 몸을 마음대로 만져도 되는 것처럼 말하는 동영상에 심각한 영향을 받은 거죠. 결국 아이에게 여성의 몸은 동영상에서 본 것과 다르고 함부로 대해서도 안 된다는 걸 충분히 가르치고, 부모와의 좋은 스킨십을 충분히 해 줘야 했죠.

야동의 힘은 대단해요. '보기만 하는 건데 뭐 어때?'라고 쉽게 생각할 수 있지만, 안타깝게도 우리의 머리는 분명히 영향을 받고 있어요. 야동에서 강간을 하면 강간을 해도 되는 것 같고(실제로 강간은 자신과 상대의 인생을 망치는 무시무시한 폭력이에요.), 야동에서 여성이 성관계를 좋아하면 모든 여성은 성관계를 좋아하는 것 같죠. 현실은 전혀 그렇지 않은데 말이에요.

EBS 〈다큐프라임〉에서 방송한 '아이의 사생활 2−1부 사춘기'라는 프로그램에서 흥미로운 실험을 했습니다. 남자 대학생들을 두 그룹으로 나눠 한 그룹에게는 자연 다큐멘터리를 보여 주고 다른 그룹에게는 야동을 보여 주었어요. 그런 다음 사진이 붙어 있는 다트 판에 다트를 던지게 했죠. 그런데 그 사진을 여성의 얼굴로 바꿨을 때 차이가 생겼어요. 자연 다큐멘터리를 본 그룹은 대부분이 다트 던지는 걸 거부했습니다. 사람의 얼굴에 화살을 던지는 건 못 하겠다고 말이에요. 그런데 야동을 본 그룹은 대부분 다 던졌어요. "정복해야 할 대상 같다. 맞추고 싶다."라는 표현을 쓴 사람도 있죠. 일반적인 야동보다 폭력성이 강한 야동을 본 그룹은 더 정확히 맞추려고 심혈을 기울여 던지기까지 했어요.

신기하죠? 단지 영상을 본 것뿐인데 결과가 이렇게 확연히 다르다니. 조작 아니냐고요? 확인하고 싶다면 직접 EBS 홈페이지에 들어가서 찾아보세요. 게다가 이미 세계적으로 야동과 여성에 대한 폭력성의 관계를 연구한 논문이 많이 나와 있어요.

야동의 좋은 점은 없느냐고요? 글쎄요, 내가 열심히 찾아봤지만 아직 이렇다 할 좋은 점은 발견하지 못했어요. 그리고 슬프게도 야동에 영향 받지 않은 남성이 거의 없다는 사실도 알게 되었죠. 이미 야동을 많이 접했을 친구들에게 이런 반갑지 않은 소식을 전하게 되어 유감이에요. 하지만 적어도 내가 접하는 매체가 어떤 영향력을 가지고 있는지는 알기 바라요. 이 야동 문제는 매우 중요하기 때문에 어떻게 만들어지는지, 어떤 사람들이 찍는지, 그리고 만드는 목적이 무엇인지 등을 뒤에서 좀 더 자세히 알아볼 거예요.

❇ 야겜, 야애니

  야동이 아니면 볼 게 없느냐? 천만에요. 무한대로 발전하는 산업이 바로 포르노 사업인걸요.

  야겜은 '야한 게임'을 줄여서 부르는 말이에요. 실제 사람보다 예쁜 이미지를 좋아하고, 다양한 세계를 내가 원하는 대로 경험해 보고 싶은 친구들이 좋아하는 매체가 바로 야겜이지요. 주로 일본에서 만들어져서 우리나라로 들어와요.

  야겜은 말 그대로 게임이기 때문에 현실에서는 재현할 수 없는 판타지나 다양한 설정을 만들어 낼 수 있어요. 실제로는 도저히 존재할 수 없는 몸매와 얼굴을 가진 여주인공이 등장하고, 내가 '평범한데 이상하게 미인들에게 인기가 많은' 주인공이 되어 볼 수도 있죠. 시나리오가 아주 탄탄해서 재미있는 작품도 있어요. 이렇게 현실에서 경험해 보지 못할 성적 판타지를 충족시키는 것이 야겜이나 야애니(야한 애니메이션을 말해요.)를 만드는 중요한 목적이에요.

  그런데 기억할 것이 있어요. 야겜이나 야애니에 지나치게 빠진 사람들은 공통적으로 현실에서 이성과 잘 친해지지 못한다는 거예요. 게임에서는 조금만 노력하면 얼마든지 상대의 마음을 얻을 수 있는데, 현실의 이성 친구들은 그것보다 훨씬 복잡하죠. 도통 속을 모르겠고, 게임처럼 재미있지도 않고, 게임 캐릭터처럼 예쁘지도 않고, 심지어는 트림을 하거나 뱃살이 있기도 하고 말이에요. 얼마 전 우리나라에서도 게임 속 여주인공과 결혼하겠다는 사람이 TV에 나와 화제가 되기도 했죠. 물론, 모든 사람들이 이렇게 된다는 말은 아니에요.

  혹시 '로리물'이라는 말을 들어봤나요? 미성년의 어린아이를 대상으로 성관계를 하는 장면이 나오는 게임, 애니메이션, 만화 같은 것을 말해요. 그런데 얼마 전 미국에서는 로리물을 가지고 있기만 해도 바로 아동 성범죄범으로 잡아가는 법이 만들어졌어요. 그런 매체를 가지고 있다는 것 자체가 아이들을 성적 대상으로 본다는 증거라고 판단한 거죠.

어린아이들은 제대로 성관계를 할 수가 없어요. 아직 몸이 완성되지 않았으니까요. 무리하게 하면 몸이 다 망가지고 죽을 수도 있어요. 그런데도 게임이나 애니메이션 같은 매체는 그런 일이 가능하다는 환상을 심어 줘요. 이게 가장 큰 문제죠. 게다가 감수성이 풍부하고 마음이 여린 친구들일수록 더 큰 영향을 받기 때문에 많이 안타까워요.

✳ 야설

야설은 '야한 소설'을 줄인 말이에요. 주로 인터넷에서 어둠의 경로로 접하게 되죠. 아마추어들이 만든 것이거나 대부분 일본의 성인 소설을 번역한 거예요. 또 의외로 성 경험이 없는 10대 친구들이 쓴 경우도 많아요. 내용이 치밀하지 않고 스토리가 현실성이 없다는 특징이 있죠. 상상 속에서만 가능한 황당하고 기괴한 설정이 많고, 성행위 묘사에만 집중하기 때문에 과장된 의성어, 의태어가 끝없이 이어지기도 해요. 한마디로 성적 자극 외에는 다른 목적이 없는 글이에요.

이런 글을 쓰는 부류는 실제로 그런 성 경험이 전혀 없는 아마추어이거나, 돈을 벌기 위해 일부러 비현실적인 내용을 쓰는 작가예요. 그러니까 야설을 통해서 실제 성행위가 무엇인지, 어떻게 하는 것인지를 배울 가능성은 전혀 없다는 말이죠. 도리어 잘못된 지식과 부풀려진 상상으로 왜곡된 성 인식을 갖게 될 가능성이 높아요. 특히 야설에서 등장하는 여성은 현실에서는 절대로 존재하지 않는 환상이라는 사실! 그러니 그대로 믿으면 안 돼요. 만약 누군가가 사랑하는 사람과의 현실적인 성 생활을 그대로 써 낸다면 아무도 읽지 않을 거예요. 그만큼 과장해야만 통한다는 거죠.

❀ 야사

'야한 사진'을 줄인 말이죠. 여러분의 부모님 세대가 은밀하게 보곤 했던 〈플레이보이〉(미국의 대표적인 성인용 잡지예요.) 같은, 소위 '빨간책'에 실린 사진들을 말해요. 남성은 특히 시각적인 것에 민감하기 때문에 이런 사진 산업은 끊임없이 발달해요. 요즘은 모바일 화보 같은 형태로도 제작되고 있죠. 이건 돈이 엄청 드니까 혹시라도 볼 생각은 마세요. 야사의 유일한 목적은 남성의 성적 호기심을 이용해 돈을 버는 것뿐이니까요.

야사는 대부분 전문 배우들이 자극적인 모습을 설정해서 사진을 찍어요. 수십 명의 스태프들이 분장과 의상을 고쳐 가며 찍은 설정 사진인 거죠. 그 세계 안에는 철저한 상업적 규칙이 있어요. 노출 수위나 사진 형태에 따라 촬영 비용도 다 달라요. 촬영을 할 때는 자극적인 장면을 가장 자극적으로 보이게 하기 위한 다양한 방법들이 동원돼요. 요즘은 포토샵을 이용해 더 자극적인 모습으로 수정하기도 하고요.

하지만 실제로 성관계를 하는 장면을 찍거나 사진에 표현된 것처럼 흥분된 상태에서 찍은 사진들이 절대 아니에요. 그런 생각이 든다면, 속고 있다는 사실을 알았으면 해요. 어디까지나 그 한 장면을 연출하기 위한 연기일 뿐이에요. 그러니 어쩌다 보게 되더라도 '아, 이 사진은 돈을 벌려고 만들어 낸 설정 사진이구나.'라고 생각하세요.

꽃잎이 날리는 가운데 남자 주인공과 여자 주인공이 키스하는 순정만화의 한 장면에 가슴이 두근거려 잠 못 이루던 시대는 지난 것 같아요. 한때 소녀들의 세상을 휘어잡았던 『인어공주를 위하여』 같은 작품을 아는 친구는 이제 없겠죠?

일본에서 대량의 만화가 합법적으로 수입되기 시작하면서 우리나라 순정만화의 표현 수위도 순식간에 높아졌어요. 요즘은 소설 형식을 띤 라이트노블도 많아요. 일본 만화업계는 우리나라보다 훨씬 팬층이 두텁고 연령대도 다양해요. 게다가 표현의 개방성도 훨씬 높죠. 문제는 우리나라가 아직도 '만화는 애들이 보는 것'이라 생각하며 작품을 무분별하게 수입했다는 사실이에요. 뒤늦게 라이트노블이나 순정만화에 연령 등급을 표시하고 심의도 하고 있지만, 쏟아져 들어오는 모든 작품을 꼼꼼히 검토한다는 것 자체가 불가능하죠. 그리고 여러분이 마음만 먹으면 손쉽게 손에 넣을 수 있을 정도로 보호 체계가 부실한 것도 사실이에요.

소년들만큼 과격하지 않을 뿐이지, 소녀들도 성에 대한 호기심과 민감함이 하늘을 찌른답니다. 소녀들 역시 이 시기가 되면 테스토스테론이 3배에서 많게는 7배까지 증가하거든요. 그러니 이런 작품들이 보고 싶은 건 당연하지 않겠어요?

관계 중심적이고 로맨스를 좋아하는 소녀들에게는 소년들이 보는 야동이나 포르노는 혐오스럽게 느껴질 수 있어요. 하지만 여성의 감수성을 잘 이해하고 여성을 대상으로 만들어진 이런 소설이나 만화들은 소녀들의 심금을 울리고 두근두근하게 만들죠. 그런데 순수하고 감성적인 소녀들이 이런 만화를 통해 성을 배운다면 그것도 큰 문제예요. 생각지도 않게 등장하는 성폭력 장면이나 당연하게 묘사되는 미성년자의 성 경험 등을 있는 그대로 받아들이게 되기 때문이죠. 어떻게 그렇게 잘 아느냐고요? 선생님도 본 적이 있으니까요.

소녀들은 이런 만화를 통해 성폭력에 대한 환상을 가져요. 누가 봐도 정말 멋있고 나도 호감을 느끼는 남자가 나를 향한 사랑에 못 이겨 '조금' 강압적인 태도로 성관계를 요구하는 거라고 생각하는 거죠. 하지만 현실은 전혀 달라요. 성폭력이란 내가 싫다는 의사를 표현하는데도 불구하고 힘을 사용해서 '강제로' 성적인 폭력을 행사하는 거예요. 나보다 훨씬 힘센 남자에게 일방적으로 맞는다고 상상해 보세요. 성폭력은 그것보다 더 끔찍한 일이에요. 사랑하는데 이런 폭력을 휘두를 수 있을까요? 그건 나를 사랑하는 게 아니라 자신의 성 욕구를 해소하려는 행동일 뿐이에요.

순정만화 속에 아름답게 묘사되는 내용들은 현실과 거리가 있어요. 포르노가 남성들만의 판타지이듯 순정만화는 여성들만의 판타지라고 해도 과언이 아니죠. 현실에서 사귀게 되는 남자 친구는 순정만화에 나오는 헌신적인 주인공이 아니에요.

그래서 부탁하고 싶어요. 이런 순정만화를 접하기 전에 먼저 건강한 성을 꼭 배우라고. 만화를 보면서 '이건 그냥 만화야.'라고 생각할 만한 힘을 기르도록 해요. 진실을 아는 것이 힘이고, 아는 것이 여러분을 보호해 준다는 사실을 꼭 기억하세요.

✤ 야오이

야오이는 일부 소녀들이 열광하는 남성 동성애를 다룬 만화나 소설, 애니메이션 등을 말해요. 일본에서 탄생한 독특한 장르로 '보이즈 러브 Boys Love'의 약자를 따서 BL물이라고도 하죠. '엑, 남자들끼리 동성애 하는 걸 좋다고 본단 말이야?'라고 생각하는 친구들도 있겠지만, 엄밀히 말하면 야오이는 실제 동성애자들의 현실적인 삶을 다룬 작품이 아니에요. 야오이를 그리는 작가들은 대부분 여성이고, 동성애자도 아니죠. 그러니까 여성들이 만들어 낸 또 다른 판타지인 거예요.

작품 속에는 주로 여자보다 더 예쁜 남자 주인공과 순정만화 주인공 뺨치도록 멋진 또 다른 남자 주인공이 등장해요. 두 사람은 이성간의 연애보다 훨씬 많은 장애를 딛고 진실하면서도 비밀스런 사랑을 하죠. 때로는 알콩달콩하고 유쾌하게 그려지기도 하는 작품들은 이젠 엄청난 마니아층을 확보하고 있어요.

그런데 문제는 이런 야오이 작품의 95퍼센트 이상이 19세 미만 구독 불가라는 사실이에요. 어떻게 봤는지는 묻지 않을게요. 다만 왜 성인만 보라고 하는 건지 생각해 봤으면 해요. 물론 많은 작품에서 성행위를 묘사하고 있지만, 단순히 그 이유 때문만은 아니에요.

남성들은 같은 남성들과의 사랑에 대한 환상을 갖지 않는 편이에요. 도리어 징그럽게 생각하죠. 여성도 대부분 같은 여성끼리의 동성애에 대한 환상을 갖지 않잖아요? 생각해 봐요. 여자 친구끼리 손잡고 다닌다고 뒤에서 '쟤들 혹시……' 이런 눈초리로 본다면, 오히려 그렇게 보는 친구를 이상하게 생각하지 않나요? 자기와는 다른 성의 동성애에 대해 더 큰 환상을 갖는 건 자연스러워요. 신기하죠? 이성을 향한 성적 호기심이 확장된 형태이기 때문에 그래요.

청소년기에는 성 정체성이 아주 민감하게 형성돼요. 그래서 이때는 이성에 대해 끝없이 궁금해하는 한편으로, '내가 동성을 좋아하는 게 아닐까?'라는 고민도 해요. 그런 시기에 야오이를 접하면서 동성애자들이 실제로 그렇게 연애하고 성생활을 한다는 환상을 품는 건 심각한 문제가 될 수 있어요.

일단 작품 속에 등장하는 주인공들은 순정만화 주인공처럼 여성들이 만들어 낸 남자예요. 실제 남자들이나 동성애자의 모습과는 많이 다르죠. 성 정체성을 확립해야 하는 시기에 이런 오해가 생긴다면, 내가 앞으로 사랑하고 같이 살아가야 할 남성들의 세계를 왜곡된 시선으로 바라보게 돼요. 친하게 장난치는 소년들만 봐도 그런 사이가 아닐까 공상을 하고, 미소년은 동성애 성향이 있다고 마음대로 오해하기도 하죠. 심하면 나 자신의 성 정체성이 흔들리기도 하고요. 더구나 동성애를 쉽게 판단하고 가볍게 생각하는 건 실제로 이 사회에서 편견 때문에 어렵게 살아가는 동성애자들에 대한 예의가 아니에요.

그래서 야오이는 성 정체성이 확립되고 난 성인들이 스스로의 선택에 책임을 지고 보도록 정한 거예요. 조금 억울하다 생각될지도 모르지만, '이건 그냥 만화야. 현실은 이렇지 않아.'라는 생각을 자연스럽게 할 나이가 될 때까지 조금만 기다리기로 해요.

❋ 팬픽

팬픽은 팬들이 자신이 좋아하는 연예인을 주인공으로 해서 만든 소설을 말해요. 좋아하는 작품의 주인공들로 팬들이 만드는 만화나 소설을

'동인물'이라고 하는데, 팬픽이 거기에 속하죠. 주로 팬카페 같은 곳에서 많이 써요. 간혹 놀라운 재능을 보이는 친구들도 있어요. 순수하게 좋아하는 연예인을 주인공 삼아 상상의 나래를 펼쳐 보는 건 나쁜 일이 아니라고 생각해요. 그런데 왜 팬픽 얘기를 하느냐고요?

일부 팬픽이 여러분의 풍부한 상상력을 타고 성적인 판타지로 발전하기 때문이에요. 마치 야설처럼 말이에요. 팬픽을 쓸 정도로 감수성이 풍부한 사람은 소녀들이죠. 그럼 팬픽의 주인공은 단연 아이돌 오빠 아니겠어요? 샤이니, 유키스, 비스트 등등 요즘은 자고 나면 새로운 그룹이 쏟아져 나오잖아요.

내가 아이돌 그룹을 좋아하던 시절, 상상조차 하기 싫었던 끔찍한 일은 아이돌 오빠들에게 애인이 생기는 거였어요. 지금 여러분도 그런 마음일 테죠. 그러다 보니 팬픽 속 로맨스의 주인공은 오직 나여야 하고요. 다른 여자는 절대 안 돼! 그런데 친구들 앞에 버젓이 내가 주인공인 글을 올리면 돌 맞겠죠? 그래서 우리가 좋아하는 오빠들을 평화롭게 공유하는 방법으로 동성애 팬픽이 등장한 거예요. 내가 좋아하는 그룹의 멤버들끼리 연애를 하는 거죠.

여러분의 상상력이 얼마나 뛰어난지, 과격한 성행위 묘사나 비현실적인 설정이 많이 등장하기도 해요. 여러분이 어떤 종류의 야오이를 봤는지, 얼마나 야한 순정만화를 봤는지도 대충 짐작할 만큼. 실제로 성 경험을 해 보지 않았기에 내용은 더욱 무제한이죠.

작품의 주인공인 오빠들이 그 소설을 본다면 기분이 좋지 않을 것 같아요. 중요한 건 여러분이 좋아하는 오빠들도 건강한 소년이자 남자라는 사실이에요. 자기들끼리 싸우기도 하고, 예쁜 여자 연예인이 누군지

수다도 떠는. 그걸 인정해야 언젠가 나와 멋진 모습으로 연애할 꿈도 실현 가능한 꿈이 되는 거잖아요? 이토록 아름답고 열정적인 여러분의 성장기가 잘못된 정보나 환상 때문에 왜곡되지 않았으면 해요.

19세 미만
관람 불가?!

야동, 야겜, 야애니 등은 모두 만 19세 이상, 즉 성인들만 볼 수 있어요. 하지만 혈기 넘치는 친구들에게는 문제가 되지 않죠. 몰래 보면 그만인걸! 그런데 이 '만 19세 이상'이라는 기준의 의미는 뭘까요? 성인이 되면 마음대로 해도 된다는 의미일까요? 우리들한테는 만날 나쁜 영향을 미친다, 정신 건강에 안 좋다 그러는데, 만 19세가 되는 순간 그런 영향이 싹 사라질까요?

물론 그렇지 않아요. 성인도 좋지 않은 영향을 받는다고 생각해요. 뇌가 활발히 성장하고 있는 10대 친구들이 영향을 좀 더 많이 받기는 하지만요.

만 19세 이상이라는 기준이 중요한 이유는 바로 법적인 자기결정권, 즉 책임의 문제가 있기 때문이에요. 만 19세 이상이라는 기준 속에는 매체를 보고서 받게 되는 어떤 영향이나 나쁜 결과도 나 자신이 책임지고 대가를 지불해야 한다는 전제가 있어요. 이런 책임이 온전히 주어지는 법적 나이가 만 19세이기 때문에 모든 성인물에 이 표시가 있는 거예요.

여러분 자신을 이런 매체 속에 방치하지 않았으면 좋겠어요. 물론 살다 보면 넘치는 호기심에 못 이겨 접해 볼 때도 있을 거예요. 그래도 이런 매체가 내 삶을 뒤흔들지 않도록 스스로를 잘 지켰으면 해요. 보더라도 어떤 영향이 있는지, 어떻게 만들어지는지 알고서 보세요. 그러면 성적인 통제력이 자라면서 이런 매체보다 나 자신을 더 사랑하게 되는 역전의 순간이 올 테니까요.

내 성의 주인은 바로 나여야 해요. 음란물이 나의 성을 지배하지 않도록 자신을 소중히 하세요. 음란물 없이도 충분히 즐거운 성생활을 누릴 수 있고, 호기심을 해소해 주면서도 정확한 정보를 알려 주는 다른 좋은 매체도 많아요.

그거 진짜로
진짜예요?

야동을 보면 상황이나 상대에 상관없이 성관계를 했다 하면 무조건 좋아하는 여자들이 나와요. 소년들은 그걸 보면서 자연스레 '나도 저렇게 여자를 만족시키고 싶다. 실제로 하면 얼마나 기분 좋을까?'라는 공상을 하겠죠. 소녀들조차 '성행위는 무조건 기분 좋은 거구나.'라고 믿게 돼요. 하지만 전혀 그렇지 않아요.

요즘은 이런 착각이 남자들만의 문제도 아니에요. 이젠 여자도 세 명 중 한 명은 야동을 보거든요. 야동이 주는 착각과 오해가 모든 청소년의 문제가 된 거죠. 이 세상에 성관계만 하면 무조건 기분 좋아지는 여성은 없어요.

'그럴 리가 없어! 분명히 야동에선 그렇게 좋아하는데?'라고 생각하는 친구들이 있을 거예요. 하지만 사실은 배우도 정말로 좋아하는 게 아니랍니다. 성행위를 아주아주 좋아하는 것처럼 보이는 동영상 속의 배우들은 사실 마약을 하거나 정신과 치료를 받지 않으면 안 될 만큼 엄청난 스트레스를 받는다고 해요. 그래서 포르노 산업과 마약 산업은 항상 같이 발전하는 거죠. 실제 촬영장에서 배우들은 약 스무 명 정도의 스태프 앞에서 더 자극적인 장면을 위해 몇 번씩 NG를 내 가며 촬영해요. 성행위에 도취된 진짜 흥분 상태가 아니라 대본에 따라 연기를 하는 거예요. 이 부분에서는 더 기분 좋은 것처럼, 여기서는 더 흥분한 것처럼……. 그 과정이 얼마나 건조한지 남자 배우도 흥분이 잘 유지되지 않아 약을 뿌리는 방법으로 발기를 유지시킨다고 해요.

그래도 상상이 잘 안 되나요? 그럼 내일 발가벗고 등교해야 한다고 상상해 보세요. 집을 나설 때부터 학교에 도착할 때까지, 버스 정류장에서도 학교 앞 큰길에서도 알몸으로 걸어가야 하는 거예요. 미쳤다고 욕을 하는 사람도 있을 테고, 어쩌면 친구가 볼지도 몰라요. 과연 할 수 있을까요? 그 스트레스가 얼마나 클지 조금은 짐작이 되나요?

포르노 배우들도 결혼을 하고 대부분 연인도 있어요. 그 사람들은 아무하고나 성을 즐길 것 같지만 그렇지 않죠. 정조 개념을 소중히 생각하고, 촬영할 때가 아니고는 다른 이성과 성관계를 맺지 않아요. 말 그대로 '일'인 거죠. 우리에게는 자극적이고 즐거워만 보이지만, 그 사람들에게는 그냥 힘든 직업이에요. 포르노 산업을 다룬 어떤 다큐멘터리에서 한 포르노 배우는 이런 말을 하기도 해요. "우리보다 보통 사람들이 더 변태적이에요. 그래서 이런 영화를 사는 거죠. 환상을 실현하고 싶으

니까요. 우린 세상을 위해 이 일을 하는 거예요."

안타깝게도 이런 일을 하는 사람들 중에는 어릴 때 학대를 받거나 열악한 가정 환경에서 살아온 사람들이 많아요. 그리고 대부분은 싫어도 계속해야만 하는 처지에 놓여 있죠. 특히 일본에서는 빚 때문에 묶여 있는 경우가 많다고 해요. 그래서 우울증에 시달리는 사람도 많고 자살하는 사람도 많은, 스트레스가 상당히 높은 직업이에요. 일본 AV(Adult Video의 줄임말이에요.) 배우들의 희망이던 이이지마 아이(포르노 배우로 데뷔했지만, 온갖 궂은 역할과 일을 마다하지 않으며 방송계로 진출해 유능한 진행자이자 방송인으로 성공한 여성입니다.)도 결국 자살로 생을 마감하고 말았어요.

보기에는 엄청난 쾌감을 느끼는 것 같은 배우들은 사실 누구보다 고통스러워하는 우리의 이웃이에요. 그들도 우리와 똑같은 평범한 사람이죠. 야동은 결코 진실을 보여 주지 않아요. 연출된 환상에 불과합니다.

그럼 몰카는 어떨까요? 몰카는 일부러 몰카처럼 보이게 찍은 것도 있지만, 정말로 연인과의 성관계를 찍어 공개하거나 모텔 같은 곳에 몰래 카메라를 설치해 놓고 찍은 것도 많아요. '그럼 몰카는 봐도 되겠네.'라고 생각하나요? 여러분, 거기에는 더 심각한 문제가 있어요.

포르노 배우들은 자신의 출연한 영상물을 남들이 보고 그걸 통해 돈을 번다는 걸 알고 촬영해요. 하지만 몰카는 어떤가요? 거기에 나오는 사람들은 자신의 성관계를 남들이 보리라고는 상상도 하지 못했고, 그걸 원하지도 않았던 사람들이에요. 그런데 그걸 누군가가 임의로 '상품'으로 만들어 버린 거죠. 그럴 때 당사자가 얼마나 엄청난 고통을 받는지 상상할 수 있겠어요?

우리나라에서도 연예인 중에 사생활이 공개적으로 노출되어서 말도 못하게 고통받은 경우가 많아요. 누군가 나의 비밀스런 사생활을 몰래 찍어 공개해 버린다고 생각해 보세요. 내가 집에서 팬티 바람으로 돌아다니는 모습이나 야동을 보고 자위하는 모습이 인터넷에 돌아다닌다면 어떻겠어요? 소문이 삽시간에 퍼지고, 내가 좋아하는 아이가 그 소문을 듣게 될지도 몰라요. 삶이 순식간에 엉망이 되고 그 사건은 평생 나를 따라다닐 거예요. 게다가 내 사생활을 훔쳐보며 흥분을 느끼는 누군가의 추악한 눈빛은 상상만으로도 소름이 끼치지 않나요?

몰카를 본다는 건 그렇게 한 사람의 인생을 망치는 데 적극적으로 도움을 주는 거예요. 단순한 호기심일 뿐이라고 생각할지 모르지만, 나를 통해 다른 사람에게도 그 내용이 퍼져 가니까요. 게다가 내가 추해지는 것이기도 하고요. 야동도 좋지 않지만 대신에 몰카를 보는 것은 훨씬 나쁜 선택이에요.

오르가슴에 대한 오해

성에 대해 관심이 생기기 시작하면 '오르가슴'이라는 단어를 알게 되죠. 오르가슴orgasme은 성적인 흥분이 극에 달했다가 그다음 순간 몸이 이완되며 약해지는 현상을 표현하는 프랑스 말이에요. 모든 포르노 매체에서 오르가슴은 뭔가 엄청나고, 세상에서 가장 좋은 쾌락으로 표현돼요. 그리고 성관계를 하면 쉽게 도달하는 것처럼 묘사하죠. 여러분도 막연히 '엄청 좋다는데, 어떤 느낌일까?'라는 궁금증이 생길 거예요.

오르가슴에 대해 크게 오해하고 있는 두 가지가 있어요. 먼저 오르가슴은 아주 기분 좋은 감각이기는 하지만, 늘 좋아 죽을 만큼 강렬하지는 않다는 거예요. 때로는 몇 초간 기분 좋은 정도로 지나가기도 하고, 사랑하는 사람과 깊은 만족감 속에 성관계를 하면 훨씬 크게 느껴지기도 하죠. 분위기와 건강 상태, 환경에 따라서 매번 달라져요.

그리고 성관계를 하면 자동으로 느끼게 되는 것도 아니에요. 심지어는 성관계를 하지 않아도 느낄 수 있어요. 여러분이 경험한 몽정이 그렇잖아요? 더구나 남성은 사정을 하면 대부분 오르가슴을 느끼지만 여성은 느끼게 되기까지 시간이 꽤 걸려요. 결혼해서 성생활을 하는 부부라 해도 보통 3년 정도 걸린다고 말하는 의사 선생님도 있어요. 성관계 자체가 몸에 익숙해지는 데도 많은 배려와 시간이 필요하죠. 그러니까 성관계만 하면 바로 오르가슴을 느낀다는 건 여성에게는 불가능한 일이에요.

야동에서는 늘 여자들이 오르가슴을 느끼는 것처럼 나와요. 왜 그럴까요? 그렇게 표현해야 보는 사람, 특히 남성들이 흥분하기 때문이에요. 사실 남성에게는 좋은 본능이 하나 있어요. 성관계를 갖는 상대가 즐거워할 때 더 큰 만족감과 자신감이 생기는 본능이죠. 원래 성은 사랑의 표현으로 만들어졌기에 정상적인 남성은 자신과 관계하는 여성이 기분 좋길 바라요. 물론 여성도 그렇지만 대체로 남성의 본능이 좀 더 강해요.

그래서 야동은 여성이 성관계를 하면서 괴로워한다고 표현하지 않아요. 남성의 좋은 본능을 악용하는 거죠. 심지어는 성폭력을 당하면서도 오르가슴을 느끼는 것처럼 표현해요. 어떤 상황에서든 여성을 성적으로 기분 좋게 하는 남자가 더 대단한 것처럼 보여 주는 겁니다. 포르노 매체가 점점 더 여성을 학대하는 행위 같은 자극적인 내용을 보여 주는 것도 바로 이 때문이에요.

게다가 결국 여성도 쾌감에 굴복하고 더 좋아하게 된다는 '야동식 판타지'는 성폭력의 죄책감을 희석시켜요. 어떤 여성이든 기분 좋게 함으로써 '정복할 수 있다.'는 잘못된 인식을 심어 주는 거죠. 이런 잘못된 생각은 실제로 여러분이 성관계를 하게 될 때 여성을 전혀 배려하지 않

고 '본 대로만' 하는 것으로 발전해요. 그리고 여성이 오르가슴을 느끼지 못하면 자신이 무능하다는 불필요한 자기 비하를 하게 되죠.

여성은 어떨까요? 외상 후 스트레스 장애(몸과 마음에 극심한 충격을 받은 사고 이후 정신적으로 그 사건에서 벗어나지 못하고 큰 고통에 시달리는 장애를 말해요.)를 겪는 성폭력 피해자들의 모임에 가서 한번 이야기를 들어 보세요. 성폭력이 과연 어떤 경험이었는지 말이에요. 그 사람들은 차라리 죽고 싶었던, 인생에서 지우고 싶은 끔찍한 시간이라고 이야기해요. 정말 야동에 나오는 것처럼 성폭력이 기쁨을 줄 수 있을까요?

야동은
정말 해로운가요?

앞에서도 말했지만, 여성도 포르노를 봐요.(그렇지만 여러분은 웬만하면 보지 마요. 도움을 주는 게 하나도 없거든요.) 여성을 대상으로 한 포르노 매체도 점점 더 많아지고 있죠. 그래도 전반적인 포르노, 특히 야동은 대부분 남성을 대상으로 만들어져요. 남자가 더 타락해서일까요? 그건 아니에요.

남성의 성적 감각에서 특히 중요한 곳은 눈과 귀예요. 원래 남성이 예민한 감각을 느끼는 성감대는 성기에 집중되어 있답니다. 그런데 왜 눈과 귀가 중요할까요? 인간의 가장 큰 성감대가 바로 뇌이기 때문이에요. 무엇보다도 뇌가 흥분해야 성욕을 느끼는데, 남성의 뇌를 흥분시키는 예민한 통로가 바로 눈과 귀라는 거죠. 게다가 강렬한 성적 욕구를 일으키는 테스토스테론이 여성보다 10배나 많아요. 그러니 대부분 ‘보고 듣는’ 매체인 포르노는 당연히 남성을 대상으로 만들게 되는 거죠. 포르노는 남성이 더 강하게 흥분하도록 연출을 해요. 실제로 얼마나 기분 좋은가는 중요하지 않아요. 얼마나 굉장해 ‘보이는가’가 중요하죠.

　광고 화면에 맛있게 나오는 음식은 실제로는 먹지 못한다는 사실을 아나요? 가장 맛있어 보이도록 먹지 못하는 걸 넣어 색을 내거나 드라이아이스를 넣어 뜨거운 김을 연출하기도 하죠. 포르노도 똑같아요. 실제로 야동에서 나오는 것처럼 성행위를 하면 여성은 굉장히 불쾌하고 아파요. 여성의 성기는 모든 피부 중에 가장 연약한 부분이에요. 또 굉장히 민감하기 때문에 부드럽게 다루지 않으면 상처가 나고 통증도 심하게 느껴요. 특히 과격하고 가학적인 장면은 여배우들이 정말 싫어한다고 해요. 훨씬 많은 돈을 주니까 돈을 벌기 위해 어쩔 수 없이 하는 거죠. 야동을 성관계의 교재로 삼으면 큰일 난다는 말이에요.

　그런데도 그렇게 찍는 이유는 남성을 흥분시켜야 돈을 벌기 때문이죠. 남성의 뇌만 흥분시키면 되니까 실제로 기분이 어떤지는 중요하지 않아요. 남성들이 그걸 보면서 성에 대해 잘못된 생각을 갖게 되든, 음란물 중독이 되든, 성 기능에 문제가 생기든 말든 전혀 상관하지 않죠. 다만 지금 이 순간 그 사람의 눈과 귀를 사로잡아서 돈을 내게 하는 것이 야동의 유일한 목적이에요.

　야동을 보면 당장의 성 욕구가 해소되고, 성관계를 잘하는 방법도 배우게 되는 것 같죠. 하지만 애초에 건강한 목적으로 만들어지지 않았으니 잠깐의 쾌감만 줄 뿐 별 도움이 되지 않아요. 게다가 한번 보기 시작하면 다음에는 점점 더 강한 걸 찾게 돼요. 우리의 뇌는 강한 자극에 민감하게 반응하지만, 그만큼 빨리 익숙해지기도 하니까요. 야동에 익숙해진다는 건 곧 이전만큼 흥분되지 않는다는 말이고, 그래서 더 자극적인 걸 계속 찾게 돼요. 계속 민감하게 반응한다면 신경이 혹사당해 무리가 오고 만답니다. 그렇게 되든 말든 만드는 사람 입장에서는 돈을 벌어야 하니 더 자극적인 걸 계속 만들 수밖에요.

여성의 몸이나 성관계에 대해서도 전혀 엉뚱한 지식이 생겨요. 교재가 잘못되었으니 당연한 결과죠. 영국 방송사 BBC가 발행하는 잡지 〈포커스〉와 화이자 제약의 조사에 따르면, 포르노 매체 소비율은 우리나라와 일본이 나란히 세계 최고 수준인데 성적 만족도는 또 나란히 세계 최저예요. 특히 여성의 만족도가 더 낮죠. 포르노로 제대로 된 성 지식을 배울 수 있다면 이런 결과가 나왔을까요? 야동이 가르쳐 주는 성 지식은 실전에서 전혀 쓸모가 없음을 알겠죠?

야한 동영상을 보았을 때 본능적으로 일어나는 충동은 세 가지라고 해요. 이성의 몸을 실제로 보고 싶고, 만지고 싶고, 섹스해 보고 싶다. 그래서 일곱 살짜리 아이도 여자들의 몸을 만지고 다녔던 것이고, 어떤 친구들은 성폭력 같은 엄청난 범죄도 저지르는 거죠. 야동은 절대로 성적 욕구를 조절해야 한다고 말하지 않으니까요.

평범한 학생인데 어떻게 그럴 수 있느냐고요? 앞에서 인간의 가장 큰 성감대가 뇌라고 했죠? 야동을 많이 보면 뇌는 계속 흥분해요. 뇌가 진정할 만한 충분한 시간을 주지 않으면 뇌는 항상 성적 자극에 시달리게 되고 이성적인 사고력도 떨어지죠. 성적 충동도 점점 강해지고요. 차츰 보는 것만으로는 만족이 되지 않아요. '실제로 해 보고 싶다.'는 강렬한 욕구가 계속 솟아나죠. 평소에는 아닌 척 참지만, 어느 순간 상황이 만들어지면 자신도 모르게 행동에 옮기고 말아요. 그게 범죄라는 것, 서로에게 엄청난 고통이 뒤따른다는 사실을 생각하지 않죠. 극도로 배가 고프면 밥을 먹듯이 자신의 호기심과 욕구를 채우는 것만 생각하게 돼요.

자신이 저지른 행동 뒤에는 감당할 수 없을 정도로 참담한 결과가 뒤따라요. 범죄자가 되어 경찰서와 법정에 수없이 끌려가는 일, 학교에 소문이 나면서 받을 엄청난 비난, 상대가 임신을 하거나 장애를 갖게 된다면 겪을 괴로운 문제들, 소년원이나 형무소에 가서 형을 살고(이제는 청소년 보호법이 개정되어서 만 14세 이상의 청소년은 형사 처분을 받아요. 만 10세 이상의 청소년은 소년원에 가게 되고요.), 그 후에 찾아오는 너무나도 달라져 버린 삶과 죄책감을 감당할 수 있을까요? 단순히 호기심과 욕구를 채우고 싶었을 뿐이었는데 말이죠.

포르노에 대한
저항력을 키우세요

섹스는 삶과 생명, 상호관계에 있어서 중요한 문제예요. 하지만 야동은 그것에 대해 말하지 않죠. 야동에서처럼 피임도 하지 않고(야동에서 성관계 전에 콘돔을 쓰거나 여배우가 아침마다 피임약을 먹는 장면을 본 적이 있나요?) 성관계를 하면 번번이 임신이 된다는 사실이 대표적이에요. 사실 야동에는 뒷이야기가 더 나와야 해요. 성관계 후 여자는 임신을 해서 배가 불러 오고, 남자는 아르바이트를 해서 양육비를 대는 장면. 아니면 여자 혼자 힘들게 아이를 키우거나 형편이 안 돼 갓난아이를 입양 시설로 보내는 장면들이죠. 그런 행동을 했다면 당연히 따라오는 결과들이에요.

하지만 야동은 그런 진실을 보여 주지 않죠. 쾌감을 느끼는 데 방해가 되니까요. 거기 나오는 배우들은 사실 영구 피임 수술(임신이 되지 않도록 남성의 정관을 묶어 정자가 나오지 못하게 하거나, 여성의 자궁에 기구를 넣는 수술)을 받았거나 계속 피임약을 먹는 사람들이에요. 평범한 내가 콘돔 하나 없이 성관계를 한다면 당연히 임신이 되죠.

야동은 사랑하는 사람과 하는 진짜 성관계가 어떤 건지 말하지 않아요. 여러분 부모님은 야동에서처럼 성관계를 해서 여러분을 낳은 게 아니에요. 여러분의 엄마 아빠가 나눈 성관계는 쾌락과 욕구 충족만을 위해 나눈 관계가 아닌, 상대방을 배려하면서 따듯하고 부드럽게 공유한 관계예요. 사랑하는 마음을 충분히 표현하고, 세상에서 가장 가까운 존재임을 느끼는 중요한 '소통'이죠. 그리고 무엇보다도 관계의 결과에 분명한 책임감을 갖고 있었어요. 여러분은 그런 관계 속에서 태어났고, 지금도 건강하고 안전하게 자라고 있잖아요. 정말 성관계를 잘하고 싶다면 내가 앞으로 하게 될 진짜 성관계가 어떤 건지 배우는 게 훨씬 유익하지 않을까요?

야동의 가장 나쁜 비밀은 무수한 사람들의 고통을 대가로 쾌락에 대한 거짓말을 판다는 사실이에요. 야동은 수많은 배우들의 고통을 말하지 않아요. 더 강한 자극을 주려고 체벌하고 학대하는 내용의 영상을 찍다가 배우가 죽는 사건도 허다해요. 나는 그런 사건들을 찾아보다가 상상 이상으로 비참한 배우들의 삶과 죽음을 알고 며칠 동안 충격에서 벗어나지 못했답니다. 사람이 죽을 정도로 위험한 동영상을 찍어 파는 그 회사는 무척 많은 돈을 벌겠죠.

또 야동에 출연하는 배우들은 에이즈를 비롯한 각종 성병의 위험에 노출되어 있어요. 여러 명과 성관계를 하다 보니 성병의 위험을 피할 수가 없는 거죠. 그래서 배우를 보호하는 제도가 제대로 자리 잡은 미국에서는 한 달에 한 번씩 검사를 받고 확인증을 제출하도록 하고 있어요.

소년들 중에서 혹시 야동에 나오는 남자 배우를 부러워하는 친구는 없나요? 현실은 상상과 달라요. 이런 고통이 여배우들만의 이야기는 아니랍니다. 마음에 들지 않는 상대와도 영화를 찍어야 하고, 돈은 여배우보다 훨씬 적게 받으면서(야동에 나오는 남자 배우가 인기 있는 경우는 거의 없으니까요.), 감독이 요구하는 대로 늘 혹사당해야 하죠. 무엇보다도 내 몸을 상품으로 파는 일은 생각보다 훨씬 어렵고 괴로운 일이에요. 그래서 포르노 업계에는 의외로 남자 배우가 많지 않답니다.

야동은 보는 사람이 중독된다는 사실도 말하지 않아요. 포르노 중독은 알코올 중독보다 더 파괴적이에요. 포르노가 뇌에 주는 자극은 무척 강력하거든요. 중독이 된다는 건 습관적으로 그걸 계속 찾게 되고, 없으면 불안해하거나 만족하지 못하고, 점점 더 강한 걸 찾는다는 뜻이에요. 그래서 삶과 건강이 망가지는데도 끊지 못하죠. 마침내는 그걸 볼 때만 잠시 쾌감을 느끼고, 보지 않을 때는 극도의 불안과 고통 속에 살게 돼요. 포르노에 중독되면 성 인식이 왜곡되고, 정상적이고 행복한 관계를 맺는 것이 불가능해져요. 성 기능에도 장애가 생기는 건 물론이고요. 포르노 중독의 결과는 술이나 담배가 부르는 각종 암보다 훨씬 심각해요. 몸뿐만 아니라 정신까지 병들게 하니까요.

포르노라는 매체를 대할 때 이겨 낼 수 있는 저항력을 기르세요. 보더라도 그것은 단지 많은 사람들이 계획적으로 만든 영화일 뿐이라는 사실을 분명히 알아야 해요. 야동은 오늘도 비참한 현실과 거짓말을 숨긴 채 '오직 돈을 위해서' 만들어지고 있어요. 잘 생각해 보세요. 소중한 여러분의 성을 누구를 위해 사용할 것인지. 돈을 버는 데만 혈안이 되어 있는 야동 제작자들을 위해 쓰고 싶은가요? 아니면 여러분 자신과 미래의 동반자를 위해 쓰고 싶은가요?

환상이 아닌
진짜 사랑으로

자, 이제 환상에서 깨어나세요. 그동안 야동과 각종 포르노물이 주었던 성에 대한 잘못된 인식, 순정만화와 야오이, 팬픽이 주었던 사랑에 대한 잘못된 이미지에서 벗어나는 거예요. 진정한 사랑을 하고 싶나요? 그렇다면 사랑과 성을 투명하게 바라볼 준비를 해야 해요.

사랑은 가슴이 불타는 듯한 낭만적인 무언가도, 두근거리는 스킨십의 발전도 아니에요. 사랑은 정직하게 나의 마음을 보여 주고, 또 상대의 진실한 마음도 수용할 줄 아는 가장 친밀하고 소중한 만남, 바로 '관계'예요.

내가 꿈꾸는 걸 해 보거나 원하는 애정을 받기 위한 사랑은 진정한 사랑이 아니에요. 사랑은 '상대가 무엇을 원할까?', '어떻게 하면 우리 둘이 같이 행복할까?'를 고민하면서 하나씩 서로 맞춰 가 보는 과정이기에 환상과 실제 사랑은 전혀 달라요. 두 사람이 함께 만드는 작품이니까요.

행복한 사랑, 변치 않는 진정한 사랑을 하고 싶다면 머릿속에 자리 잡았던 잘못된 정보들은 깨끗이 비우세요. 그리고 상대를 있는 그대로 바라볼 정직한 관점과 넓은 마음을 준비해야 해요. 나와 만나게 될 사람을 존중하고 둘이서 함께 새로운 사랑을 만들어 갈 준비가 되었다면, 어떤 영화보다 멋진 나만의 로맨스를 그려 내게 될 거예요.

그럼 건강하고 아름다운 성을 배우려면 어떻게 해야 할까요? 다행히 요즘 우리나라에서도 성과 사랑에 대한 좋은 매체가 점점 많이 나오고 있어요. 그중에서도 선생님이 강력 추천하는 자료들을 알려 줄게요.

가장 먼저 '푸른 아우성' 사이트를 추천해요. 여러분이 자유롭게 질문할 수도 있고 토론을 하거나 서로 알고 있는 걸 가르쳐 줄 수도 있는 열린 대화의 장이 마련되어 있어요. 이미 성에 관심을 갖고 활동하던 다른 친구들도 만날 수 있고요. 그 외에도 아주 구체적인 각종 정보와 구성애 선생님의 좋은 강의도 풍성하게 실려 있는 대한민국 최강의 청소년 성 정보 사이트입니다.

두 번째로 추천하고 싶은 곳은 EBS 〈다큐프라임〉 홈페이지입니다. 특히 '아이의 사생활2' 시리즈를 추천해요. '1부 사춘기'는 시청 필수랍니다. 이곳에는 꼭 성이 아니어도 여러분의 흥미를 끌 만한 좋은 다큐멘터리가 많아요. 청소년들의 행복에 관점을 맞춘 좋은 작품이 많이 있으니까 부모님과 함께 봐도 좋을 거예요.

그리고 KBS 다큐멘터리 〈사랑〉도 추천하고 싶어요. 몇 년 전 작품이지만 사랑에 따른 생물학적인 변화와 감정의 변화, 사랑이 어떻게 시작되고 끝나는지, 진정한 사랑은 무엇인지 등을 우리 몸의 변화와 함께 과학적으로 살펴보는 무척 재미있는 다큐멘터리랍니다. 보고 나서 절대 후회하지 않을 거예요.

이런 좋은 프로그램을 보고 싶은데 돈이 든다고요? 부모님께 당당히 요구하세요! 야동 같은 이상한 매체 때문에 잘못된 생각을 갖는 것보다 이런 좋은 자료를 보는 것은 부모님도 환영할 만한 일일 테니까요. 아무리 많이 들어도 한 달에 몇 천 원 정도니까 당당히 요구하고 부모님과 함께 보면 좋겠어요.

요즘은 성을 주제로 한 좋은 책도 많이 나오고 있어요. 여러분이 지금 읽고 있는 이 책처럼 청소년을 위해 쓴 성과 사랑에 대한 다양한 책들을 읽어 보세요. 우선 구성애 선생님이 쓴 책들을 추천해요.(만화로 된 것도 있어요!) 가장 기본적이고 꼭 필요한 내용들을 담고 있어요. 그리고 특별히 추천하고 싶은 책은 『축하해』(샨티 펴냄)라는 책이에요. 우리나라에서 성매매를 하던 여성들의 경험과 글을 담은 책이죠. 사춘기를 지나고 있는 모든 소년 소녀들이 꼭 한번 읽어 보면 좋겠어요.

『사춘기 소년』, 『사춘기 소녀』(걷다 펴냄) 두 권도 추천하고 싶어요. 사춘기 몸과 마음의 변화를 얼버무리는 것 없이 구체적인 그림들로 잘 설명하고, 어떻게 변화를 맞이해야 하는지도 재미있게 안내해 주죠. 사춘

기에 관한 제대로 된 정보를 알고 싶다면 꼭 읽어 보세요. 사랑이 무엇인지 진지하게 알고 싶은 친구들을 위해서는 특별히 훌륭한 고전을 하나 추천할게요. 바로 에리히 프롬의 『사랑의 기술』이란 책이에요. 내용은 다소 철학적이지만, 진정한 사랑은 무엇인가를 생각하게 해 준답니다. 한번 도전해 보세요. 이것 말고도 여러분을 위한 좋은 책은 지금도 많이 나오고 있어요. 서점에 가서 직접 살펴보고 원하는 책을 골라 읽어 보길 바라요.

혹시 '나는 이 정도 지식으로는 만족할 수 없어!'라고 생각하는 친구들이 있나요? 그럼 성에 관한 좀 더 다양한 정보들을 찾아보세요. 캐나다 윈저 대학교의 서상철 교수가 쓴 '한국인의 성 만족도가 낮은 진짜 이유는?'(프레시안 2011년 6월 16일 자)이라는 제목의 칼럼을 추천해요. 단순히 성 문제뿐만 아니라 여러분이 고민하는 진로와 미래에 대해서도 생각해 볼 좋은 자료랍니다.

'아하! 서울시립청소년성문화센터'도 추천해요. 이곳에는 직접 체험해 볼 수 있는 좋은 프로그램이 가득하답니다. 흥미가 가는 프로그램이 있다면 과감히 참여해 보세요. 온몸으로 성을 배우는 좋은 방법이 될 거예요.

마지막으로 여러분이 성에 대해 건강한 대화를 나눌 수 있는 장이 있다면 꼭 참여해 '섹스 토크'를 해 보면 좋겠어요. 여러 이성 친구들이 모여 자신이 생각하고 느끼는 성에 대해 솔직하게 토론하는 것을 섹스 토크라고 해요.(음담패설과는 달라요.) 하버드 의대의 연구 결과에 따르면, 부모님과(혹은 친구들과) 섹스 토크를 많이 한 사람일수록 성에 대한 의식이 건강하고 성 노출의 위험이 줄어든다고 합니다.

사랑의 실력을 쑥쑥 키우세요

"왜 만날 우리한테는 안 된다고만 하는 거예요?"

나도 판단력이 있고 알 만큼 아는데, 어른들이라고 해서 나하고 별반 다른 것 같지도 않은데, 영화관에서부터 책 대여점까지 안 되는 것투성이던 시절, 내가 불만스레 내뱉었던 말이에요. 가장 큰 불만은 "그건 나쁘다."는 말이 아니라 어른들은 되지만 우린 안 된다는 불합리한(?) 현실이었죠. 어차피 몇 년만 있으면 나도 어른인데, 그사이에 대격변이 일어나는 것도 아니고 겨우 몇 년 차이로 차별을 받아야 하는 상황을 이해할 수 없었어요. 나름 얌전한 학생이었지만 나에게도 그건 꽤나 불편한 현실이었답니다. 특히 보고 싶은 만화를 빌리지 못할 땐 더 크게 와 닿았죠.

이번 장을 읽고서 여러분도 나와 같은 생각을 할지 몰라요. "결국 야동 보지 말라는 얘기, 19금(19세 미만 관람 불가)은 보지 말라는 얘기잖아."라고 말이죠. 그래요, 최선을 다해 이유를 설명하려 애썼지만 결국 "안 돼요."라고 말한 것인지도 몰라요.

하지만 이것 하나만은 믿어 주면 좋겠어요. 처음부터 안 된다는 결론을 내려 놓고 시작하지는 않았다는 것을. 솔직히 처음에는 '성에 대한 호기심을 채워 주면서 성을 제대로 배울 수 있는 양질의 야동은 없을까? 이런 매체를 어느 정도 보면 괜찮다는 연구는 없을까?' 하는 생각을 했어요. 나까지 여러분에게 안 된다고 말하고 싶지 않았거든요. 하지만 자료를 모으면서 매체가 만들어지는 목적과 실상 그리고 감춰진 사건과 영향력들을 알아 갈수록, 진심으로 여러분을 아낀다면 차마 그렇게 말하지 못한다는 사실을 인정해야만 했어요. 보는 것의 영향력은 그만큼 강력하기 때문이죠.

인간이 매 순간 보고 듣고 느끼는 것을 '경험'이라고 불러요. 그 경험을 통해 우리는 '세상은 이런 곳이구나.'라고 인식하죠. 원하든 원하지 않든, 내가 보는 것이 곧 내 세상이 돼요. 우리가 알아차리지 못할 때도 말이죠. 많은 것을 경험하게 되는 이 시기를 너무나도 강한 자극인 포르노로 채운다면, 성과 사랑에 대한 잘못된 이미지는 우리의 무의식까지 채워 갈 거예요. 남성, 여성, 사랑, 섹스 모두를 포르노가 말하는 대로 인식하게 되죠. 보는 것의 힘은 그만큼 강하답니다. 그래서 여러분뿐만 아니라 어른들도 포르노를 많이 보지 않았으면 해요. 어른들 역시 포르노를 본다면 자신도 모르게 행복한 사랑과 건강한 성생활을 잃게 되니까요.

사랑에 대한 두근거리는 호기심과 몸과 마음을 들뜨게 하는 성적인 환상이 원하지 않는데도 날마다 찾아오는 시절……, 여러분은 지금 이런 사춘기를 지나고 있죠. 내 마음처럼 생각과 행동이 잘 조절되지 않음을 알고 있답니다. 누군가 여러분이 갖는 성적 환상이나 호기심을 나무라나요? 그건 그 사람이 잘 모르기 때문이에요. 당연한 일이니 죄책감을 느낄 필요도 없고, 들키면 혼날까 봐 걱정하지 않아도 돼요. 내면에서 일어나는 여러 감정과 충동을 열심히 고민하고 싸워 보는 이 시기가 바로 사랑의 실력을 쑥쑥 키우는 시간이니까요. 자신감을 가져요. 정말 행복하게 성과 사랑을 누리는 방법은 무엇일까에 집중해 봐요.

4

두근두근 연애가 시작되다!

두근두근 연애가 시작되다!

사춘기가 시작되면서 어느새 내 관심의 중심에 자리 잡은 사랑. 멋진 이성을 만나 드라마틱한 사랑을 하는 꿈은 청소년이라면 필수죠. 그런데 사랑이 정확히 무엇인지 고민되지 않았나요? 게다가 앞에 '진정한'이라는 말이 붙으면 더 어려워지죠. 진정한 사랑. 여러분은 어떻게 이해하고 있나요?

사랑과 우정은
어떻게 다른가요?

이 세상에서 가장 많은 의미를 포함하는 단어를 찾으라고 한다면 바로 '사랑'일 거예요. 그만큼 사랑은 다양한 영역에서 여러 의미로 사용되죠. 대상도 정말 다양해요. 부모님, 친구들, 애완동물, 심지어는 신에게까지 사랑이라는 표현을 사용하죠. 여기서는 이 책의 주제이자 여러분의 가장 큰 관심사인 이성간의 사랑, 우리가 연애라고 부르는 그 사랑에 대해 집중해서 이야기하려고 해요.

모든 사랑에는 공통점이 하나 있어요. 바로 대상이 있다는 점이죠. 친구를 향한 우정이든 이성을 향한 연정이든 반드시 내가 사랑하는 '누군가'가 있잖아요? 내가 누군가를 향해 갖는 애착이나 소망을 우리는 사랑이라고 느껴요. 그래서 사랑의 본질에는 '관계'가 있어요.

사랑은 '내가 누군가와 맺는 관계', 혹은 '관계에 대한 희망'을 의미해요. 정말이냐고요? 짝사랑조차도 내가 그 사람을 사랑한다고 느끼면서 그 사람과 맺을 아름다운 관계를 소망하잖아요. 사랑이란 관계를 떠나서는 존재하지 않습니다. 결국 멋진 연애란 '아름답고 좋은 관계를 맺는 것'을 의미한다고 해도 틀리지 않아요. 사랑은 나와 상대방이 서로 마음을 주고받으며 만들어 내는 가장 친밀한 관계인 거죠.

그런데 내가 관계를 맺고 있는 사람이 아무리 많다고 해도 그들 모두를 사랑하는 건 아니잖아요? 그래요. 사랑이 관계인 건 맞지만 모든 관계가 사랑인 건 아니죠. 즉, 사랑은 많은 관계 속에 포함이 돼요. 그럼 다른 관계와 사랑은 어떻게 다를까요? 구체적으로 우정과 사랑이 어떻게 다른지를 예를 들어 생각해 볼까요?

중학교 보건 교과서에도 나오는 로버트 스턴버그의 사랑의 삼각이론에서는 사랑은 열정과 친밀감, 책임감이 있는 관계로 우정은 친밀감과 책임감만 있는 관계의 차이로 설명해요. 즉, 진짜 사랑은 친밀감, 책임감과 함께 열정도 있지만 우정은 친밀감과 책임감만으로 이루어진다는 거죠.

친밀감은 그 사람과 가깝고 연결되어 있다는 온화한 감정을 의미해요. 책임감은 그 상대를 계속 좋아하겠다는 결심과 그 마음을 지켜 가는 헌신을 뜻하죠. 우정을 시작하게 하는 감정은 친밀감이에요. 하지만 그 우정을 계속 지켜 가려면 책임감이 필요하죠. 책임감이 없다면 우정은 사소한 계기로 쉽게 깨지고 말 테니까요. 그런데 사랑에는 친밀감과 책임감 외에 열정도 필요하다고 해요. 열정은 상대에 대해서 느끼는 신체적, 정신적인

매력과 상대방을 소유하거나 가까워지고 싶은 욕구를 의미합니다.

사랑에는 우정 이상의 강렬한 끌림이 있어요. 인간은 대부분 이성에게 끌림을 느끼고, 그중 가장 매력적인 사람과 하나가 되어 자손을 남기고 싶은 본능적인 열망을 갖고 있죠. 내가 무의식적으로 생각하던 기준에 맞는 사람이 나타나면 뇌는 그 사람을 주목하고, 그 사람을 생각할 때 도파민 같은 사랑 호르몬을 분비하기 시작해요.(도파민 외에 에피네프린, 세르토닌, 옥시토신 등도 사랑에 관여해요. 이 호르몬들이 섞여 만들어 내는 효과를 '러브 칵테일 효과'라고 한답니다.) 이것이 바로 사랑에 빠진 기분, 열정을 만들어 내는 거예요.

사람들은 흔히 이 느낌만을 사랑이라고 생각해요. 사랑에 빠졌을 때에만 다른 상황에서는 거의 느끼지 못하는 강렬하고 도취된 기분을 느낄 수 있으니까요. 그런데 이 호르몬에는 유효 기한이 있어요. 보통 1년에서 길어도 30개월 정도면 사랑에 빠진 기분은 사라지고 만답니다. 더구나 청소년기는 뇌가 활발하게 발달하는 시기이기 때문에 호르몬의 분비와 소멸이 성인보다 훨씬 빨라요. 쉽게 사랑에 빠지기도 하지만 그 호르몬은 3~4개월 정도면 사라지는 것이 보통이죠.

이렇듯 사랑을 우정과 다르게 만들어 주는 열정은 아쉽게도 금방 사라져 버려요. 그럼 사랑은 열정이 사라지면 끝날 수밖에 없는 걸까요? 다행히도 그렇지는 않아요. 인간은 평생을 서로 사랑하며 살 능력이 있답니다. 열정도 평생 유지할 수 있어요. 이런 관계를 만들 때 우리는 비로소 '진정한 사랑'이라는 단어를 떠올리게 됩니다.

누구나 한번쯤 우정과 사랑의 차이에 대해 궁금해할 거예요. '남녀 사이에 우정은 가능한가?'라는 고민도 많이 하죠. 사실 많은 사람들이 논쟁을 하는 부분이기도 해요. 보편적으로 이성은 잠정적인 연애 대상이기에 이성을 향한 호감은 어떤 형태든 결국에는 연애 감정의 일종이라고 주장하는 사람도 있어요. 내 생각은 어떠냐고요? '남녀 사이에도 우정은 가능하다!'라고 생각해요.

물론 동성 친구들과의 우정이 상대적으로 변화의 가능성이 적고 안정된 건 사실이에요. 하지만 앞에서 생각해 본 것처럼 관계가 친밀감과 책임감으로 이루어져 잘 지속되고 있다면 그 관계는 남녀 사이라고 해도 우정이라고 생각해요. 여러 관심사를 공유하거나 속 깊은 이야기를 털어놓을 수 있고, 걱정해 주고 위로하기도 하는 만남은 상대가 남자든 여자든 소중하죠.

차이가 있다면, 남녀 사이의 우정은 그 이상의 형태로 변화될 가능성이 있다는 거예요. 친밀감과 책임감이 있는 상태에서 열정이 생긴다면 두 사람은 자연스럽게 사랑하는 관계가 되는 거죠. 특히 사춘기에는 이성에 대해 민감하게 반응하고 의식하기 때문에 어쩌면 이런 변화는 더 자주 생길지도 몰라요. 하지만 관계가 꼭 사랑으로 변하는 건 아니에요. 변화는 다양하답니다. 우정도 친밀감이 약해질 때 멀어지거나 관계가 깨지기도 해요. 친구들 사이에서 배신감이나 소외감 같은 감정을 느끼는 사건은 꽤 자주 일어나죠. 친밀감의 크기가 달라져 새로운 친구와 더 가까워지기도 하고요.

관계란 자유롭고 변화무쌍한 두 명의 사람이 이루는 것이기에 모습이나 상태가 변하는 건 당연해요. 단지 그 변화의 가능성이 좀 더 높다는 이유 때문에 남녀 사이에 우정이 없다고 한다면, 그건 훨씬 풍성한 관계를 누릴 기회를 제한하는 일이죠.

상대가 동성이든 이성이든 상관하지 말고 마음껏 친구를 사귀고 우정을 쌓으세요. 청소년기는 인생의 어느 때보다 서로에 대해 깊이 공감할 수 있는 시기예요. 이때 만든 우정은 기나긴 인생에 소중한 보물이 된답니다. 좋은 친구로서 이성에 대해 알아 가고 차이를 이해할 힘도 길러 봐요. 다만, 관계는 늘 변화한다는 사실을 인정하기로 해요. 한계를 그어 놓고 '벗어나면 안 돼.' 라고 생각하는 대신 우정과 사랑의 경계를 굳이 고민하지 않고 자연스럽게 관계를 가꾸어 간다면, 때로는 형제 같고 때로는 연인 같기도 한 멋진 친구를 만들게 될 거예요.

왜 내 마음을
이해 못 하지?

TV 드라마 속 주인공들이 역경을 헤쳐 가며 뜨겁게 사랑하는 모습을 보면 '나도 저런 사람을 만나서 사랑해 보고 싶다.'는 생각이 들곤 하죠. 그런데 막상 현실에서는 쉽지가 않아요. 호감 가는 친구가 생겨도 왜 그리 멋있게 다가가지지 않는지……. 이만큼 노력하면 관심을 보여야 할 텐데 현실의 그 아이는 도통 반응이 없죠. 천신만고 끝에 마음에 드는 친구를 사귀어도 자꾸 싸우게 되고 말이 안 통해 답답하고요. 왜 나의 연애는 이렇게 멀고 험난하기만 할까요?

최근에 스마트폰 애플리케이션으로 최고 인기를 누리고 있는 앱이 뭔지 아나요? 바로 여자들의 말(속칭 '여자어')을 번역해 주는 앱이랍니다. 남자는 도무지 이해할 수 없는 여자의 말을 해독해 주는 프로그램이죠. 재미있는 현상이죠? 같은 나라에서 살면서 똑같이 한국말을 하는데도 해독이 필요할 만큼 이성의 마음을 알기 어려운 이유는 뭘까요? 왜 여자는 남자를 도무지 이해할 수 없고, 남자는 도통 여자 속을 알 수가 없는 걸까요? 다 이유가 있습니다.

사춘기가 되면 여성에게도 남성에게도 성호르몬이 가장 많이 나와요. 이 호르몬의 종류가 서로 다르다는 건 앞에서 얘기했죠? 여성은 사춘기가 되면 에스트로겐이라는 여성호르몬이 폭발적으로 나오는 반면, 남성은 테스토스테론이라는 남성호르몬이 왕성하게 나오죠. 그런데 이 호르몬들은 우리가 이성을 대하는 태도에도 상당한 영향을 미친답니다.

여성의 성호르몬은 기본적으로 부드럽고 수용적인 관계를 추구하고 정서적인 교감을 중요하게 느끼게 해요. 그래서 관계가 평화롭고 안정감 있게 유지되는 것을 무척 중요하게 생각하죠. 함께 보내는 시간과 진심을 주고받는 대화 등의 소소한 관계적인 요소를 사랑이라고 생각합니다. 또 감정의 변화에 민감해요. 이건 아이를 양육할 때 아이가 요구하는 것을 잘 알아차리고 반응하기 위한 본능이죠. 그래서 나의 마음을 잘 알아주는 것이 곧 사랑이라고 생각하기도 합니다.

반면에 남성호르몬은 가장 공격적이고 충동적인 호르몬 중의 하나예요. 그래서 때로는 사랑을 경쟁이나 달성해야 할 목표처럼 생각하기도 합니다. 한 여성을 좋아하면 온갖 노력을 기울이며 열정을 불태우다가도, 막상 연인이 되고 나면 이전처럼 불타오르지 않는 것도 이 때문이지요. 연애할 때도 다음 단계를 향한 강한 열망을 갖는데, 그 목표는 주로 스킨십에 관한 거예요. 사랑을 표현하는 방법 역시 상대의 문제를 해결해 주거나 열심히 노력해서 큰 선물을 하나 해 주는 것과 같은 경우가 많습니다. 그래서 사랑을 위해 자신이 한 노력에 대한 인정이나 믿음직하다, 유능하다는 확인을 받는 것으로 사랑을 느끼는 거죠.

이렇게나 다르게 발달하기 때문에 연애에 많은 문제가 생기는 건 당연해요. 이건 지극히 정상적인 발달 과정이에요. 사춘기에 동성 친구들이 서로 친하게 지내는 모습을 보면 차이가 확연하게 나타난답니다. 여자애들은 왜 화장실을 갈 때도 손잡고 같이 가는지, 남자애들은 왜 친구끼리 장난치는 중에도 서열을 만들고 경쟁을 하는 건지 아무리 생각해도 이해할 수 없을 때가 많을 거예요. 연애는 그렇게 다른 남자와 여자가 상대방의 세계로 들어가는 일이죠.

매일 주고받는 소소한 대화나 말 한마디를 중요하게 생각하고, 불만이나 요구 사항이 있어도 에둘러서 표현하는 소녀는 소년에게 너무 어렵죠. 스킨십에 집착하기만 할 뿐 사랑한다는 표현을 하는 데는 쑥스러워하고, 내 마음은 잘 몰라주는 소년은 소녀들에게 너무 답답해 보이죠. 서로 이해되지 않는 이 두 사람이 상대방을 이해하며 서로에게 배우고 자라 가는 과정에 진정한 사랑의 매력이 있어요.

멋진 연애를 하고 싶나요? 그럼 먼저 서로의 차이를 똑바로 알아야 해요. 그리고 마음을 열고 상대의 장점을 배워야 해요.

빨리 안고 뽀뽀하고 만지고 싶어요

'오늘 손을 잡아도 괜찮을까?'

'포옹은 싫어하지 않겠지?'

'키스는 언제 할까?'

사귀기 시작한 첫날부터 소년들의 머릿속엔 이런 생각들이 가득합니다. '좋아하면 만지고 싶은 게 당연해!' 세상이 뒤집혀도 남성들의 이런 생각은 변하지 않을 거예요. 그래서 딸이 자라면 아빠들은 꼭 말하곤 합니다. "아빠 빼고 남자는 다 늑대야! 조심해." 그런데 그렇게 말하는 아빠도 엄마와 연애할 때는 똑같은 늑대였다는 말씀. 아빠 역시 사춘기를 거쳤기에 누구보다 스킨십에 대한 남성들의 강한 욕망을 잘 아는 것이지요.

남성에게 성적인 호기심과 열망은 본능이에요. 나무라거나 탓할 문제가 아니라는 거죠. 특히 성호르몬이 폭발적으로 나오면서 이성에 대한 관심이 하늘을 찌르는 10대에게 예쁜 여자 친구를 사귀어 이런저런 스킨십을 해 보고 싶다는 생각은 당연한지도 몰라요.

서로 사랑하는 사이라면 마음껏 스킨십을 해도 되는 것 아니냐고요?

더구나 그런 생각이 나쁜 것도 아니고 자연스러운 것이라면 말이죠. 음, 그런데요, 스킨십이 더 중요한가요, 사랑이 더 중요한가요? 우리가 같이 생각해 본 것처럼 사랑은 두 사람이 함께 만드는 특별한 관계잖아요. 여자 친구가 정말 그걸 원하는지 생각해 보았나요?

자꾸 스킨십이 싫다고 튕기는 여자 친구 때문에 잔뜩 열 받은 한 소년이 결심을 굳힙니다.

'오늘은 강제로라도 밀어붙여야지.'

사귄 지 두 달이 다 되어 가는데 아직 키스도 못 해 봤냐고 놀리는 친구들 때문에 남자로서 자존심도 구겨질 대로 구겨졌어요. 도대체 왜 싫다는 건지 이해를 할 수가 없죠. '사랑한다면서 키스도 못 하게 하고 정말 사랑하는 거 맞아? 난 네가 날 좋아한다는 거 못 믿겠어. 계속 이럴 거면 헤어지자.' 오늘은 이렇게 협박이라도 해서 항복을 받아 낼 작정입니다.

그런 생각이 들 만도 해요. 사춘기의 소년들에게 성을 경험해 보고 싶은 호기심과 욕구가 얼마나 큰데요. 더구나 폭발적으로 늘어난 테스토스테론 때문에 경쟁심도 있죠. 이맘때는 '성 경험이 많다.'는 곧 '남자

답다.'라는 이상한 공식까지 생기니까요. 사춘기 소년들 사이에서는 섹스가 하나의 목표이고, 그걸 먼저 해 본 친구가 승자인 듯한 분위기가 있어요. 그래서 여자 친구가 있으면서도 이른바 '진도'를 나가지 못하면 남자로서 무능한 듯이 놀리기도 하죠. 심지어 어른이 되고서도 자기가 성관계를 해 본 여성의 수를 자랑하는 철없는 남자들도 있는걸요. 그 숫자만큼 진짜 사랑을 가꾸는 데에는 실패했다는 부끄러운 증거일 수도 있는데 말이죠.

이런 남자들만의 이유가 아니더라도, 연애를 한다면 여자 친구와 신체적으로 더 친밀해지고 싶은 게 당연해요. 사랑하는 연인을 보면서 성욕을 느끼지 않는다면 그것도 심각한 문제인걸요. 남성에게 사랑한다는 건 곧 그 사람과 섹스하고 싶다는 것이기도 해요. 성은 친밀감과 사랑의 표현이에요. 여성도 사랑하는 사람과 스킨십을 하고 싶은 이유가 여기에 있죠.

그런데 남성은 여성보다 좀 더 쉽게 사랑과 성욕을 나눠서 생각한다는 사실을 아나요? 사랑을 느끼지 않아도 여성을 보면서 흥분할 수도, 성욕을 채우기 위해서 성관계를 할 수도 있어요. 여러분이 야동을 보며 느끼는 감정처럼 말이죠. 영상 속에 나오는 여성을 사랑하는 건 아니잖아요? 그래서 사랑을 배워야만 해요. 내가 지금 연애를 하는 목적이 정말 사랑인지, 아니면 성적 호기심 때문인지도 고민해야만 하죠.

"스킨십을 거부하면 사랑하지 않는 것 아닌가요?" 이렇게 말하는 친구들이 있겠죠? 여자 친구가 계속 스킨십을 거부하면 정말 헤어질 생각인가요? 한번 잘 생각해 봐요. 스킨십을 하고 싶어서 연애를 하는 건가요? 아니면 정말 좋아하니까 스킨십도 하고 싶은 건가요? 둘 사이에는 큰 차이가 있어요. 하나는 내 욕망을 더 중요하게 생각하는 것이고, 다른 하나는 상대를 향한 사랑을 더 중요하게 여기는 것이니까요.

남성에게 스킨십이 중요하다면 여성에게는 정서적 관계가 중요해요.(앞에서 호르몬의 차이로 설명했죠?) 여성은 임신과 양육을 하도록 성장하기 때문에 본능적으로 훨씬 신중해요. 이 사람이 충분히 좋은 사람이라는 확신이 없는 채로는 섹스를 하면 안 된다는 경각심이 있죠. 이성적으로 하나하나 따지지 못해도 소녀들의 마음에는 이런 본능적인 경계선이 있어서 훨씬 고민도 많고 조심스러운 거예요. 사랑하지 않기 때문에 스킨십을 거부하는 게 아니랍니다. 지금도 계속 사귀고 있는 이유는 도리어 많이 좋아하고 관계를 잘 만들고 싶기 때문이에요.

자, 그렇다면 소년 여러분은 이런 고민을 해 보았나요? 혹시나 아기가 생기면 어떻게 할지 말이에요.(아기는 여러분의 생각보다 훨씬 쉽게 생겨요.) 여자 친구가 스킨십을 거부하지 않기를 원한다면 여러분도 그 상황에 대한 준비가 되어 있어야죠. 섹스는 하고 싶지만 책임지기 싫다면, 아쉽게도 여러분은 지금 사랑을 하고 있는 게 아니에요. 좋아해서 연애를 시작했겠지만, 지금 이 순간은 여자 친구보다 내 욕구가 더 우선인 거죠.

아직 학생인 데다가 앞으로 하고 싶은 일도 많은데 어떻게 벌써 책임을 지느냐고요? 임신만 안 되면 괜찮지 않느냐고요? 그럼 반대로 물어볼게요. 연애를 하는 데 진도가 왜 중요한가요? 지금 여자 친구와 결혼할 가능성도 별로 없고, 열정에 몸을 맡기다가 잘못하면 임신이 될 위험까지 있는데 왜 꼭 진도를 나가야 하나요? 흥분의 순간에 냉철하게 이성을 찾고 콘돔을 사용할 자신은 있나요? 솔직하게 자신의 마음을 들여다봐요. 진짜 이유가 무엇인가요? 단지 너무 해 보고 싶어서인가요, 친구들 앞에서 자존심을 세우고 싶어서인가요? 아니면 정말로 여자 친구가 굉장히 좋고 사랑스럽기 때문인가요?

의외로 많은 소년들이 자신도 모르게 성적 호기심을 채우고 싶어서 연애를 해요. 고의가 아니더라도 이런 목적으로 하는 연애는 잘못된 거예요. 이런 일이 생기는 이유는 정말 사랑하는 법을 모르기 때문이지요.

소년과 소녀의 연애법

'그럼 청소년은 연애도 하지 말란 말인가?' 라는 생각이 들겠죠? 아니요, 그런 뜻은 아니에요. 다만 상대방은 원하지 않는데 내가 원한다고 일방적으로 강요한다면 그건 사랑이 아니라는 뜻이에요. 소녀들도 마찬가지죠. 자신이 꿈꾸는 대로 상대방이 해 주지 않는다고 해서 상대방을 비난하면 그건 사랑이 아니에요.

사랑은 '관계'예요. 관계란 두 사람이 상호작용하면서 만들어지죠. 즉, 두 사람이 많은 대화를 나누고 각자가 바라는 걸 함께 고민하며 서로 존중해 줘야 해요. 같이 규칙을 세우고 그것을 지키기 위해서 함께 노력해야 해요. 언제 데이트를 할지, 연락은 하루에 몇 번 정도 할지, 어떤 말을 들으면 힘이 되는지, 어떤 말은 조심해 주길 바라는지 등을 서로의 상황과 이유를 충분히 들어 보며 이해하고 합의하는 과정이 필요하답니다. 어떤 연인이 되고 싶은지 함께 목표를 세워 보고, 서로의 고민과 희망을 나누고 힘이 되어 주는 것이 같이 만들어 가는 진짜 연애예요.

두근거리는 설렘, 함께 있을 때 느끼는 유쾌한 기분, 애타게 보고 싶고 자꾸 더 만지고 싶은 짜릿한 느낌들만이 사랑이 아니랍니다. 물론 이런 건 연애의 기분 좋은 한 부분이죠. 이런 행복감을 더 오래 지속하기 위해서라도 서로 존중해야 해요. 그렇지 않으면 감정이 식으면서 사랑이라고 믿었던 관계는 너무나 쉽게 무너지고 만답니다.

상대방을 존중하지 않는 것은 사랑이 아니라는 사실을 잊지 마세요. 어떤 말로 미화한다고 해도 달라지지 않죠. 지금은 진짜 사랑하는 법을 열심히 배우고 연습하는 시간이에요. 실수를 할 때도 있고 나와는 너무 다른 상대를 이해할 수 없을 때도 많겠지만, 사랑의 실력을 키우도록 노력해요.

그런데 두 사람이 "우린 성관계도 괜찮아."라고 합의했다면 마음껏 성관계를 해도 괜찮은 걸까요? 원칙적으로 맞는 말일지도 몰라요. 하지만 여러분이 좀 더 신중하게 생각하면 좋겠어요. 왜냐고요? 실제로 많은 친구들이 어려움을 겪으며 후회하고 상처 입는 것을 봐 왔으니까요. 그만큼 무거운 책임이 함께 따른다는 것을 피부로 느끼기 때문이에요.

눈을 감고 상상해 보세요. 내가 정말 평생을 함께할 사람, 인생을 통틀어 가장 사랑하는 연인을 만났어요. 그런데 그 사람에게 예전에 사귀던 사람이 있었어요. 내가 결혼하려고 하는 이 사람이 이전에 교제하던 사람과 스킨십을 어느 정도까지 해야 마음에 걸리지 않을 것 같나요? 솔직하게 자신에게 물어본다면 말이에요.

강의나 상담을 할 때 이 질문을 해 보면 의외로 대부분의 남성들이 포옹 정도까지라고 말해요. 상상해 보면 키스를 하는 것도 싫다고 말이죠. 그럼 나는 이렇게 말해 줍니다.

"당신이 교제할 때도 거기까지만 하세요."

그런 비현실적인 소리를 하다니! 말도 안 된다고요? 그래요, 진정해요. 정말로 사랑한다면 그 사람이 어떤 삶을 살아왔던지 넉넉히 덮는 것이 성숙한 사랑이죠. 나라도 그러겠어요. 물론 내가 아닌 누군가와 사랑을 하고 스킨십을 하는 모습을 굳이 떠올리고 싶지는 않을 거예요. 상대에게 나와의 기억만 있으면 좋을 텐데 좀 아쉽기도 하고요. 그래서 최대한 생각하지 않으려 하겠지만요.

내가 지금 사귀고 있는 이 사람이 언젠가 누군가에게는 그 운명의 상대가 될 거예요. 나의 짝은 마치 손바닥에 앉은 나비처럼 조심스레 보호받으며 연애하길 바라는 게 솔직한 마음이죠.(심지어 자신을 만날 때까지 연애도 안 했으면 좋겠다는 친구도 있죠.) 그러면서 남의 운명의 상대는 나 몰라라 하겠다는 말씀? 지금 교제하는 사람에게 "넌 그냥 연애만 즐기려고 만나는 거야."라고 말하면서 섹스하려 하면 잘 될까요? 아마 웬만한 사람이라면 상대도 안 해 줄 걸요.

지금 교제하는 사람이 그 운명의 상대라면 어차피 나와 평생을 살 테니 상관없지 않느냐고요? 맞아요. 지금 이 사람이 마지막 사랑이라면 괜찮겠죠. 많은 친구들이(특히 순수한 소녀들이) 진심으로 그렇게 믿으려 한다는 걸 알아요. 선생님도 그렇기를 바라고요. 그런데 그걸 어떻게 증명할 건가요?

우리의 미래가 어떻게 될지는 아무도 몰라요. 우리가 할 수 있는 일은 결심하고 맹세하는 것뿐이지만, 정말로 그 약속이 지켜질지도 알 수 없어요. 더구나 3~4개월밖에 안 되는 짧은 유효 기한의 사랑 호르몬을 가진 사춘기에는 그 약속을 지키기란 더욱 어려운 일이죠.

섹스는 인간이 경험하는 가장 친밀하고 비밀스런 만남이에요. 이성 앞에서 자신의 알몸을 온전히 보여 주는 것, 아무도 만지지 못하는 부분들을 내어 주고 공유하는 경험은 오직 섹스에서만 가능하죠. 그렇기에 내가 평생을 함께할 사람은 내가 아닌 다른 사람과는 섹스를 하지 않기를 바라는지도 몰라요. 사실은 모두가 알고 있어요. 그 만남은 정말 변함없고 책임감 있는 관계에서 이뤄지는 두 사람의 비밀일 때 가장 아름답다는 사실을 말이에요. 생각해 보세요. 내가 섹스를 한 상대가 나와의 경험을 자랑처럼 온 사방에 떠들고 다닌다면 어떨까요? 내가 트로피 자랑하듯이 늘어놓는 화려한 연애 경력 중 한 사람에 불과해진다면? 정말 후회되고 한방 먹여 주고 싶겠죠?

책임질 수 없는 섹스는 예상치 못하게 임신을 하거나 성병에 걸릴 수 있어요. 지나친 부담감이 생기고 집착하게 되거나 서로에 대한 흥미가 빠르게 식는 갈등도 경험하죠. 결국 섹스를 하지 않았다면 훨씬 행복하게 오래 사귀었을 커플도 헤어지고 말아요. 헤어질 때도 훨씬 큰 죄책감과 후회, 강한 배신감이 남죠. 사귈 땐 좋아하는 감정에 섹스를 허락했다가 헤어지고 나니 너무 후회가 되고 상대가 미워서 성폭력으로 신고하고 싶다는 소녀들도 많아요.

정말 사랑한다면 책임감 있는 행동을 보이세요. '이 애는 정말 약속을 지키는구나.', '우리 관계를 지키려고 노력하는구나.'라고 상대가 느끼도록 말이죠. 그럼 오히려 두 사람의 관계는 진정한 사랑에 한 걸음 더 가까워질 거예요. 헤어질 가능성도 항상 있다는 사실을 솔직하게 인정해요. 만일 헤어진다면 그때 미안하지 않을 관계를 만들어요. 상대의 책임감 있는 모습을 보고 "사랑이 더욱 불타올랐다."고 말하는 10대 친구들도 많다고요.

이미 많이 지나왔는데 어떻게 하느냐고요? 괜찮아요. 지금부터 다시 관계를 가꿔 봐요. 성 경험이 있느냐 없느냐보다 내가 어떤 태도로 연애를 하려고 노력했는가가 더 중요하니까요. 쉽게 섹스를 하고 쉽게 헤어지다 보면 남에게 말하지 못할 어려움도 겪고 어느 순간 자신이 싫어지기도 해요. 그러다 정말 사랑하는 사람을 만나면 많이 미안할지도 몰라요. 책임감 있게 관계를 가꿔 가다 보면 상대의 깊은 신뢰를 받게 돼요. 그러면 평생을 함께할 사람을 만났을 때 큰 보람과 뿌듯함을 느낄 거예요.

거절하면
날 싫어할지도 몰라

"날 사랑한다면 할 수 있는 거 아냐? 사랑하는데 왜 싫다는 거야?"

어제 화를 내던 남자 친구의 목소리가 마음에 쨍 하고 울려요.

'오늘 연락이 안 오면 어쩌지?'

화가 난 채 가 버린 남자 친구가 이젠 내가 싫어졌다고 할까 봐 걱정이 이만저만이 아니에요. 쉬는 시간이 몇 번이나 지나고 점심시간마저 지났는데도 문자 한 통 없이 감감무소식입니다.

'역시 어제 가만있어야 했나?'

키스하면서 옷 속으로 불쑥 들어온 손을 밀쳐 낸 것이 그렇게 잘못한 걸까요? 그래도 우린 아직 학생인데……. 조금 무섭기도 했고, 쉽게 허락하면 남자들은 쉽게 질린다고 말한 친구들의 말도 떠올라서 그랬던

건데…….

'이러다 헤어지면 어쩌지?'

헤어지는 상황은 상상만 해도 눈물이 핑 돌아요. 정말 좋아하는걸요.

'조금만, 조금만 더 허락해야지.'

엄마에겐 미안하지만 헤어질 수는 없어요. 수업 끝나면 미안하다고 먼저 문자 보내야겠어요. 그리고 다음번엔 남자 친구가 원하는 대로 조금만 더 해 주려고 해요.

'섹스만 안 하면 괜찮겠지. 표 나지 않을 거야.'

이런! 정말 그렇게 생각하나요? 섹스를 거부했을 때 남자 친구가 "너, 나 사랑하는 거 맞아? 요즘 세상에 너 같은 애가 어디 있냐? 이럴 거면 끝내."라고 말한다면 그땐 어떻게 할 생각인가요? 그건 거부할 거라고요? 지금 안 되는 일이 그땐 될까요? 그럼 만일 남자 친구가 스킨십을 하다가 물어보지도 않고 바로 진도를 나가 버리면 어쩌죠? 밀쳐 내면 화낼까 봐 고민되지 않을까요? 거부해도 이미 남자 친구를 막을 수 없으면요? 무엇보다도 사랑한다면 정말 다 허락해야만 하는 걸까요?

대부분의 소녀들에게 사랑은 정말 소중한 관계입니다. 좋아하는 첫 남자 친구가 생기고 같이 행복한 시간을 보내면 많은 소녀들이 '이 애랑 결혼하면 좋겠다.'라고 생각해요. 첫사랑이 마지막 사랑이 되는 운명 같은 만남을 꿈꾸죠. 상상만 했던 로맨틱한 첫 키스에 대한 기대감으로 가슴이 설레기도 해요. 싸울 때는 마음이 몹시 아프고, 헤어지는 건 상상조차 하기 싫은 일이죠.

그런데 교제를 하면 할수록 나와 다른 점이 너무 많아요. 첫 키스를 한 것까지는 좋았는데 남자 친구는 거기서 멈추려고 하지 않아요. 자꾸 사람이 없는 곳으로 가려고 하고, 손이 이상한 곳으로 가기도 해요. 이런 건 전혀 로맨틱하게 느껴지지 않는데 말이에요. 나쁜 짓을 하는 것 같고 무섭기까지 하죠.

이때 소녀들은 싫다는 표현을 해요. 하지만 지금 상황과 행위가 싫은 것뿐이지 남자 친구가 싫은 건 아니니 거절을 할 때도 상대가 마음이 상할까 봐 걱정하고 조심스레 얘기를 하려고 하죠. 그런데 소녀들! 알고 있나요? 그 남자 친구는 입으로는 싫다고 말하면서 좋아하는 표정을 짓고 있는 여성들이 가득한 야동을 보고 있다는 사실을. 남자 친구는 웬만한 거부는 "좋아."의 다른 표현 정도로 생각합니다. 살짝 밀치거나 싫다고 피하는 정도로는 정말 싫어한다고 생각하지 않는 경우가 대부분이죠.

더구나 목표를 향해 불같이 달려가는 남자 친구의 욕구에 계속 찬물을 끼얹으면 어떤 일이 생길까요? 네, 남자 친구는 짜증을 냅니다. 그리고 다투게 되겠죠. 여기서 소녀들은 고민에 빠져요. '남자 친구와의 스킨십은 어디까지 허용해야 하는 거지?'

물론 스킨십을 하는 건 기분 좋아요. 포옹도 좋고 키스도 좋죠. 하지만 그 이상으로 넘어가는 건 부담스럽고 무섭기도 해요. 싫다고 하는데도 남자 친구는 "사실은 너도 좋아하잖아. 요즘 세상에 안 하는 애가 어디 있어? 이제 그만 빼지?"라고 하거나, 설상가상으로 "사랑하는 사람은 서로 모든 걸 다 주는 거 아냐?"라며 내 사랑을 의심해요. 정말 그런 걸까요? 사랑하면 다 줘야 되는 게 맞는 걸까요?

여러분, 싫으면 절대로 하면 안 돼요. 사랑하면 모든 걸 다 줘야 한다니요? 정말 사랑한다면 지켜 주고 책임을 져야죠. 책임을 지지 않는 사람에게 다 주고 나서 남는 건 엄청난 상처와 후회뿐인걸요. 그래서 정말 멋진 남자는 책임질 수 없다면 욕구가 있어도 상대방과 섹스하지 않아요. 심지어 남자들 사이에서는 '정말 사랑하는 여자는 더없이 소중해서 쉽게 건드리지 못한다.'는 환상까지 있는걸요.

스킨십을 어디까지 허용해야 하느냐고요? 마음에 불편함이나 부담이 느껴지지 않는 선까지예요. 두 사람 중 하나라도 싫다면 거기서 그만! 그 이상을 넘어간다면 사랑이 아니라 성추행이에요.

우리
원하는 게 달라!

남성과 여성의 호르몬 차이는 앞에서 이미 설명했죠. 이 호르몬 때문에 일반적으로 여자들은 '낭만적인 스킨십'을 좋아합니다. 서로 사랑한다는 마음, 즉 정서적인 확인이 되면 충분한 거죠. 그래서 대부분의 소녀들이 원하는 스킨십은 포옹이나 키스 정도까지예요. 간혹 남자 친구가 스킨십을 해 주지 않으면 불안해하는 친구들이 있는데, 이건 스킨십이 좋아서가 아니라 상대가 날 사랑하는지 확신이 없어서 불안한 거랍니다. '남자는 사랑하면 스킨십을 하려고 한다.'는 잘못된 지식이 있는 거죠.

그에 반해 남자들은 키스가 출발인 경우가 많아요. 남성의 성 충동에 대해 우리 충분히 살펴봤잖아요? 여자 친구랑 키스를 하고 나면 '이제 마음껏 스킨십을 해도 된다는 거군.'이라고 생각하죠. 그럼 어디까지 생각하느냐고요? 도착지는 섹스입니다. 이건 나쁜 남자인가 착한 남자인가의 문제가 아니에요. 본능이 이렇게 움직이니까요. 다만 성숙한 남자

는 자신을 절제할 줄 알고 참을 뿐이죠.

✽ 섹스까지 하는 건 무서운데 어떻게 거절해야 하죠?

다시 얘기하지만, 고민이 되는데도 관계가 망가질까 봐 참고 있거나, 말로만 "이런 거 싫어."라고 하면 남자 친구는 정말 싫어한다고 생각하지 않아요. '모든 여자는 사실 좋으면서 내숭을 떤다.'는, 말도 안 되는 생각을 갖고 있거든요. 그래서 정말 진지하게 얘기해야 해요.

"난 우리가 사귀면서 너무 진한 스킨십을 하는 거 싫어. 섹스는 더욱 싫고. 솔직히 아직 우리는 책임질 힘이 없잖아? 널 좋아하지만 그런 건 부담스러워."라고 말하는 거예요. 남자 친구가 화를 내거나 "날 사랑하지 않는 거 아냐?"라고 말할지도 모르죠. 그러면 그냥 확 헤어져 버리라고 추천하고 싶지만……, 나에 대한 배려가 부족한 사람이라고 받아들이고 관계를 진지하게 다시 생각해 보기 바라요.

여러분을 정말로 사랑해 주는 남자 친구라면 정확하게 표현해 주는 게 더 도움이 돼요. 여러분이 그런 상황을 좋아하는 거라고 착각하고 있으니까요. 자신은 무척 기분이 좋고, 사랑해서 그러는 거니까 상대도 그러리라고 믿는 거예요. 내가 불안함을 참고 있는 걸 알면 얼마나 미안하고 당황스럽겠어요. 그러니 진지하고 솔직하게 얘기해 줘야 해요. "난 포옹하고 뽀뽀하는 건 좋지만 그 이상은 싫어."라고 말이죠. 사랑하는 여자 친구가 진심으로 원하지 않는다는 걸 알면 남자 친구도 진지하게 고민하고 좋은 관계를 위해서 노력한답니다.

만일 솔직하게 말을 했는데도 남자 친구가 자꾸 스킨십을 하려고 하면 단호하게 대처해야 해요. 그냥 "싫어, 이러지 마." 하면서 짜증 내는 정도로는 안 된다고 했죠? 눈을 똑바로 보면서 큰 목소리로 "하지 마!"라고 말하며 강하게 밀쳐요. 그러고는 그 장소를 빨리 벗어나세요. 물론 분위기가 싸해지겠죠. 하지만 남자 친구는 내가 정말 원하지 않는다는 걸 분명히 알게 될 거예요.

싸우면 어떡하느냐고요? 진지하게 부탁했고 분명하게 거절했는데도 계속 시도하거나 "사랑하는데 어떻게 이럴 수 있어?"라는 식으로 강요하면 단호하게 헤어지세요. 마음이 아플 것 같나요? 그래도 그게 좋아요. 남자 친구는 지금 날 사랑하고 있는 게 아니라 날 이용해서 자신이 원하는 걸 해 보고 싶은 거죠. 지금은 마음이 아프겠지만 어차피 석 달 뒤면 도리어 내가 차일지도 모를 관계임을 알았으면 해요.

이 세상에는 자신의 여자 친구를 소중히 여겨 주고 원하지 않으면 기다릴 줄도 아는 좋은 남자들이 얼마든지 있답니다. 아름답게 빛나는 나의 인생을 당장 3~4개월 뒤면 어떻게 변할지도 모를 이기적인 소년에게

맡길 순 없잖아요. 당당해지세요! 장담하는데, 시간이 지날수록 '그렇게 하길 잘했다.'라고 생각하게 될 거예요.

🌸 자신을 너무 믿지 마세요

소녀들이라고 성욕을 일으키는 테스토스테론이나 성적 행동을 조정하는 INHA-3 세포가 없는 게 아니에요. 소년들보다 그 양이 적고 크기도 작을 뿐이죠. 사춘기의 소녀들 역시 테스토스테론이 3~7배까지 늘어난답니다.

좋아하는 사람과 스킨십을 하면 기분이 좋아요. 성은 사랑의 표현이기 때문에 당연한 일이죠. 그래서 일정 선을 넘어서면 자신도 모르게 열정에 휩쓸려 가기가 쉬워요. '섹스만 안 하면 괜찮을 거야. 결정적인 상황에서 멈출 자신이 있어.'라고 생각하나요? 글쎄요, 역사 속의 수많은 여성들이 그 시도에 실패해서 아기를 가졌다는 사실은 어떻게 생각해요?

머릿속에서 '이러면 안 되는데…….'라고 생각하는 순간에도 상황은 순식간에 진행되어 버리고, 막상 막으려 해도 그런 상황에서 남성은 엄청난 힘을 발휘한답니다. 결론은, 일정 수준 이상으로 스킨십이 진행되면 여성의 힘으로는 섹스까지 가는 것을 막기 힘들어요. 그러니 평소에 자신이 교제를 하면서 스킨십을 어디까지 하고 싶은지 분명히 정하세요. 애초에 그 이상을 넘어가는 상황은 만들지 않아야 해요.

남자 친구에게 분명한 한계를 말하고 같이 약속을 정해요. 지나친 스킨십이 생길 만한 장소는 가지 마요. 아무도 없는 집에 놀러 가는 등의 일 말이죠. 일부 철없는 소년들은 그렇게 놀러 오는 것만으로도 성행위를 허락했다고 생각하기도 하니까요. 그리고 스킨십을 하게 되더라도 가벼운 수준일 때부터 거절해야 상대도 냉정을 찾는답니다. 그게 상대를 위한 큰 배려예요. 대부분의 착한 소년들은(물론 성적 호기심은 충만하지만) 여자 친구를 임신시키거나, 책임지지 못할 행동을 하고 헤어지는 나쁜 남자가 되기를 원하지 않아요. 그러니 여자 친구도 남자 친구를 보호해 줘야 한다는 말이죠.

정말 나를 사랑하는 사람을 만나는 법

관계를 풍성하게 가꿔 가길 원하는 소녀들의 연애는 상대를 배려하고 상대가 원하는 건 들어주고 싶은 마음으로 가득합니다. 밤을 새워 편지를 쓰거나 며칠에 걸쳐 선물을 만들기도 해요. 그리고 상대방이 기뻐해 주길 기대하고 내게도 그렇게 해 주길 바라죠.

내가 잘 아는 여자 친구가 있어요. 그 친구는 며칠을 꼬박 투자해서 남자 친구의 크리스마스 선물로 목도리를 떴어요. 남자 친구가 얼마나 좋아할까 기대하는 마음으로 두근거리며 선물을 건넸죠. 어떻게 되었을까요? 기대와는 달리, 남자 친구는 별로 좋아하는 것 같지 않았고 오히려 다음부터는 이런 선물을 하지 말라고 말했어요. 왜 고생스럽게 이런 걸 만드느냐고 말이죠.(소녀들, 분노하고 있나요?) 실망하고, 속상하고, '이 사람이 정말 날 좋아하는 거 맞아?'라고 생각하겠죠?

그런데 정말로 좋아하는 게 맞았답니다. 어떻게 아느냐고요? 둘은 지금도 예쁘게 사랑하고 있거든요. 남자 친구는 여자 친구가 밤늦도록 고생하며 선물을 만드는 게 싫었던 거예요. 왠지 불쌍해 보였대요. 물론 여자 친구는 직접 만드는 것이 더 의미 있는 선물이라고 생각했지만 말이죠.

이렇게나 사랑하는 방법도, 언어도 다른 남녀가 만나서 서로 사랑하는 법을 배워 가는 것이 바로 연애랍니다. 무조건 내 말을 들어주는 사람이나 사랑한다면서 스킨십을 강하게 요구하는 사람은 나를 사랑하는 게 아니에요. 그럼 정말 나를 사랑하는 사람을 어떻게 만날까요?

❋ 첫째, 자신의 소중함 알기

여러분은 소중한 존재예요. 여러분의 연인보다도 말이죠. 사랑할 때는 나보다 상대를 더 중요하게 여겨야 한다고 생각했는데, 좀 생소한가요? 그럼 더욱 이 사실을 정확히 알기 바라요. 그래야만 정말 날 사랑하는 사람도 만나고, 오래 교제해도 계속 매력적인 사람이 될 테니까요. 이기적인 사람이 되라는 말이 아니에요. 자신을 소중히 하는 것과 이기적인 것은 아주 많이 달라요.

자신이 무엇을 소중하게 생각하는지 분명하게 알고, 연애를 할 때도 그 가치를 지키세요. 그것이 자신을 소중히 여기는 행동이에요. 예를 들어 부모님 앞에서도 떳떳한 연애를 하고 싶은가요? 그럼 부모님을 속이지 마세요. 상대가 원하더라도 말이죠. 혼전 임신은 절대 사절인가요? 그럼 상대가 스킨십을 요구할 때 분명하게 거절하세요.(여자든 남자든 말이죠.) 우정을 잃지 않는 연애를 하고 싶나요? 연애를 하면서 친구들과 관계가 멀어지는 경우가 많잖아요. 그럼 둘이서만 놀러 다니는 시간을 줄이고 공부와 우정도 챙길 방법을 같이 의논하세요. 연애는 몇 개월 후면 끝날 수 있지만 깨진 우정과 떨어진 성적은 그대로 남아 더욱 마음을 아프게 하고 원망을 만든답니다.

이렇게 자신을 소중히 하면 상대는 '이 아이는 아무렇게나 대해도 되는 애가 아니구나.'라고 느끼고 더욱 배려한답니다.(자기 여자 친구가 '순진' 하다며 좋아하는 소년들을 많이 봤어요. 소녀들도 그런 얘기를 하던걸요. "내 남자 친구가 노는 것처럼 보여도 걔들 중에 제일 순진하고 착해."라고 하거나, 공부 잘하는 모범생이라고 자랑하더라구요.) 상대를 몹시 좋아해서 잘해 주고 싶은 마음에, 사실은 원하지 않는데 내색도 못 하고 거절하지도 못하는 친구들! 그런 태도가 지금 자신의 연애를 한 번이라도 싫다고 말하면 끝나 버릴 아슬아슬한 관계로 만들고 있음을 알아야 해요. 상대는 내가 뭐든 무조건 들어주는 사람인 줄 알고 있으니까요.

사람은 자신을 소중히 여기는 사람에게 매력을 느껴요. 이런 사람은 안정감이 있으니까요. 그리고 스스로를 존중하지 못하는 사람은 상대도 존중하지 않는답니다. '자신을 존중하는 능력'이 바로 자존감입니다. 자존감이 높은 사람은 자존감이 높은 사람을 알아봐요. 그래서 내가 자존감이 높으면 그만큼 좋은 사람, 날 이용하지 않고 건강하게 대해 주는 사람을 만나게 되죠. 이런 사람들은 자신을 존중하듯이 상대도 진심으로 대합니다. 어때요, 최고의 짝을 만나는 방법이죠?

❀ 둘째, 호르몬을 믿지 않기

여러분은 어린 시절을 얼마나 기억하나요? 기억력이 좋은 친구라면 갖고 싶은 장난감 때문에 부모님과 팽팽하게 신경전을 벌이던 때를 기억할 수 있을 거예요. 혼나기도 하면서 조르고 졸라 새 장난감을 얻어 내면 그렇게 좋을 수 없었죠. 하지만 한두 달쯤 지나면 어느새 그 장난감은 방 한구석에 있어요. 그러다 번쩍번쩍한 새 장난감을 발견하면 그것만 사 주면 소원이 없을 것처럼 또 졸라 대곤 했죠.

어린 시절부터 우리는 더 이상 바랄 게 없을 만큼 좋아했던 것들에 시간이 지나면 싫증이 나던 경험을 하면서 성장했어요. '쾌락 적응'이라고 하는 인간의 본능이죠. 아무리 간절히 원하던 큰 기쁨을 주는 일이라도 약 두 달쯤 지나고 나면 더 이상 이전만큼 좋지 않은 거예요.

사람의 본능은 누구도 피해 갈 수 없어요. 연애도 예외는 아니죠. 좋아하는 사람과 교제를 하게 되면 처음에는 세상이 더할 수 없이 아름답고 더 이상 좋은 사람은 없을 듯해요. 매일이 행복하죠. 하지만 이런 호르몬의 놀라운 선물은 예외 없이 점점 익숙해지며 사그라져요.

두 사람의 진짜 사랑이 어떤 모습인지, 정말 좋은 관계인지는 호르몬이 식은 후부터 나타나요. 지금의 애인과 정말 변치 않는 사랑을 할지, 아니면 헤어질지는 호르몬이 식고 난 후에야 비로소 알게 된다는 말이죠. 연애 경험이 있는 친구들은 이미 느껴 봤을 거예요. 첫 마음과 달리 자꾸 어긋나던 관계를 말이죠.

그러니 열정이 넘치는 연애 초기에 너무 많은 걸 쏟지 않는 게 좋아요. 즐겁게 연애하되 서로를 지켜 주면서 천천히 기다려 보는 거예요. 호르몬이 진정된 후에도 정말 변하지 않고 사랑할지 말이죠. 그때야 비로소 두 사람의 진짜 연애가 시작되는 것이니까요.

✺ 셋째, 마지막 사랑에 목매지 않기

이 사람이 내 운명의 짝, 마지막 사랑이면 좋겠다고요? 내 모든 걸 다 주었으니 마지막이 되게 하겠다고요? 여러분, 마지막 사랑이란 건 그렇게 애를 쓴다고 되는 게 아니랍니다.

이 세상 어딘가에 있는 나의 반쪽을 만날 거라는 믿음은 사춘기 때부터 형성이 되죠. 로미오와 줄리엣이 그랬듯이(로미오와 줄리엣이 만났을 때가 바로 여러분의 나이였다는 건 알고 있죠?) 낭만적인 사랑에 대한 기대가 가장 커지는 시기는 바로 사춘기입니다.

어느 날 나의 반쪽을 만나면 그 사람과는 마법처럼 모든 것이 잘 맞고, 사랑은 아무 노력이나 갈등 없이 자연스레 완성될 거라고 생각하나요? 이런! 그런 환상을 갖고 있다면 운명적 만남을 기다리며 노처녀, 노총각으로 늙어 갈 가능성이 높아요.

진정한 사랑이란 어느 날 운명처럼 나타나는 것도, 내가 마지막 사랑으로 만들겠다고 우긴다고 해서 되는 것도 아니랍니다. 도리어 두 사람이 함께 만들어 가는 하루하루가 중요하죠. 시간이 흘러도 변함없이 서로를 배려하며 잘 가꿔 간 관계라면 자연스럽게 '지금까지처럼 함께해 간다면 앞으로도 행복하겠다.'는 믿음과 함께 '이 사람은 나와 평생을 함께해도 괜찮을 진짜 사랑이구나.'라고 깨닫게 되는 거랍니다.

그렇게 선택하고서 돌아보면 두 사람의 만남이 얼마나 운명적인지 깜짝 놀랄 거예요. 어느 연인의 이야기를 해 줄까요? 두 사람은 고2 때부터 좋은 친구 사이로 지냈어요. 대학교 1학년 때 남자가 고백한 적이 있었지만, 여자가 거절했다고 생각했죠.(그런데 사실 그녀는 그게 고백인 줄도 몰랐어요. 나중에 사귄 후 첫 데이트를 할 때 이야기를 듣고서야 비로소 알았답니다.) 그래도 10년간을 정말 좋은 친구로 지냈어요.

어느 날, 문득 여자는 단 한 번도 의식해 본 적이 없던 그 남자가 아주 훌륭한 남자인 것을 깨달았어요. 그리고 비로소 두 사람은 교제를 하게 됐죠. 뒤늦게 자신이 그의 첫사랑임을 알았을 때 얼마나 깜짝 놀랐을지 상상이 가나요? 꽤나 드라마틱하죠. 두 사람은 3년 넘게 서로를 아끼고 노력하며 연애를 했어요. 처음부터 '결혼할 거야.'라고 정해 놓았던 게 아니에요. 열심히 사랑을 가꾸고 용기 있는 선택을 하고 난 후에야 이 사람이 내 반려자였음을 알게 된 거죠.(누구 얘기냐고요? 내가 아주 자~알 아는 부부 얘기예요.^^)

운명적인 관계를 만들기 위해서는 한쪽만 잘해서도 안 되고, 결코 헤어지지 않겠다고 결심하고 의지를 불태워도 소용이 없어요. 정말 사랑하는 관계가 건강해야죠. 그러니 운명을 막연히 기다리거나, 지금 연애가 마지막이라고 억지 부리지 마세요. 상대를 배려하며 자신도 잘 가꾸는 사랑의 실력을 키워 가세요. 그러다 이별을 경험한다 해도 괜찮아요. 헤어진 것을 후회할 필요도 없어요. 우린 성장하는 중이니까요. 그렇게 연습하고 노력하다 보면 운명적 사랑은 찾아옵니다. 다른 누구도 아닌 내가 가꿔 낸 것이에요. 내가 그랬듯, 어쩌면 그 사람은 지금 여러분 곁에 있을지도 몰라요.

변하지 않는
진정한 사랑법

우린 지금까지 호르몬에 대해 많은 이야기를 했어요. 사랑이 시작될 때 호르몬의 역할은 아주 크죠. 우정과 사랑을 구분 짓는 열정도 바로 이 호르몬에서 나온다고 했잖아요? 그런데 호르몬이 석 달 정도면 사라져 버린다니, 그럼 우리 사랑도 석 달이면 끝나는 걸까요?

물론 그렇지 않아요. 우리 주변에도 좋은 모습으로 오래 사귀고 있는 친구들이 있잖아요. 그리고 우리의 부모님도 서로 사랑하며 오랜 세월을 함께 보내고 있고요. 진정한 사랑은 이 호르몬이 줄어들고 난 후부터 시작된다고 해도 과언이 아니에요. 호르몬은 처음 사랑이 시작되도록 불을 붙여 주는 역할, 진짜 사랑을 꽃피우도록 씨앗이 되는 역할을 하죠.

부부들의 결혼 만족도를 조사해 보니 결혼 후 5년이 지나면 상대에 대한 만족도가 50퍼센트까지 떨어진다고 해요.(KBS 다큐멘터리 〈사랑〉 참고) 열정이 가장 많이 줄어들고, 대신 의무감이 그 자리를 채운다는군요. 생각만 해도 삭막한가요? 그런데 오랜 시간이 지나도 계속 만족도가 높은 짝들이 있어요. 그 비결은 뭘까요?

✿ 대화가 중요해요

소년과 소녀가 대화를 할 때 소년에게는 대체적으로 그 목적이 중요합니다. 호르몬의 차이 때문에 그래요. 여자 친구가 "나 몸이 아파."라고 말하면 "그래? 그럼 병원에 가야지."라고 답하죠. 해결책을 제시해 줌으로써 상대를 돌보았다고 생각하는 거예요. 그런데 이렇게 말하면 사실 여자 친구는 서운해요. "많이 아파? 힘들겠다. 내가 병원에 같이 가 줄까?" 이런 반응을 기대하기 때문이죠. 소녀들은 정서적인 돌봄과 관심을 중요하게 생각하니까요.

이런 차이 때문에 대화는 많은 갈등을 만들기도 해요. 소년은 목적이 없는 대화는 할 필요가 없다고 생각하죠. 그런데 소녀는 대번에 "사랑이 식은 거야?"라는 반응을 보여요. 정서적 관계를 중요시하는 소녀들에게

대화가 줄어든다는 건 곧 관계가 멀어지는 걸 뜻하니까요. 이렇게 몇 번 오해와 갈등을 겪고 나면 서로의 차이 때문에 교제가 힘들다는 느낌을 받는 거예요.

그런데 신기하게도 사이좋은 연인들 사이에서는 대화가 계속 풍성해요. 딱히 해결해야 할 문제나 목적이 없어도 다양한 주제로 매일매일 얘기를 나누죠. 서로의 이야기에 관심을 보이고 서로의 생각에 고개를 끄덕여 줍니다. 무려 75년간을 금실 좋게 산 덕분에 올해의 부부상을 받기도 한 노부부에게 그토록 오랫동안 사이가 좋은 비결을 물었더니 답은 아주 간단했어요. "우린 서로에게 비밀이란 게 없어요. 이 양반은 저녁에 들어오면 하루 동안 있었던 일을 다 얘기해 준답니다." 바로 상대가 최고의 친구이자 지지자이기에 가능한 일이에요.

소년은 사소한 이야기라도 좀 더 풀어 놓는 친절을 보이고, 소녀는 그 이야기를 긍정적으로 받아 주고 항상 든든한 편이 되어 주다 보면 어느새 대화는 점점 늘어날 거예요. 사실 남녀를 막론하고 사람은 자신을 인정해 주고 이해해 주는 사람에게 더 많은 이야기를 하게 되거든요.(반대 상황이 되면 당연히 대화는 없어지겠죠? 잔소리를 줄이는 연습은 엄마만 해야 하는 게 아니랍니다.) 서로가 연인이기 이전에 최고의 대화 상대가 되면 호르몬이 식은 후에도 관계는 온화하고 평화롭게 유지되고, 대화하면서 느끼는 다양한 감정들이 호르몬의 자리를 채워요. 신뢰, 재미, 즐거움, 편안함, 친밀함이 두 사람 사이에 쌓일수록 관계는 더 다채롭고 풍성해지죠.

그래도 대화를 강요할 수는 없어요. 강요받는 순간부터 그건 대화가 아닌 심문이 되니까요. 서로 노력하는 모습을 칭찬해 주면서 자연스럽게 대화하세요. 상대의 관심사를 따라가며 많은 이야기를 하다 보면 서로 깊이 알게 될 거예요. 오래오래 예쁘게 사랑하고 싶다면 이제 '뭘 하고 놀까?' 대신 '어떤 대화를 할까?'를 고민해 봐요.

❇ 잘 싸워야 해요

세계적으로 유명한 심리학자 존 가트맨은 35년간 3,000쌍의 부부를 추적 조사하면서, 행복하게 사는 부부와 이혼하는 부부의 차이는 무엇인지 연구했어요. 돈이 많으면 행복한지, 가정환경이 좋으면 되는지, 자라면서 상처를 적게 받은 사람이 행복을 유지하는지, 교육 수준이 높으면 되는지, 빚을 지거나 배우자가 바람을 피우는 것과 같은 불행한 사건을 겪지 않으면 이혼할 확률이 낮은지 등의 다양한 가능성을 염두에 두었죠. 뜻밖에도 답은 간단한 곳에서 나왔답니다. 두 사람의 언어, 특히 싸울 때의 언어가 중요했다고 해요.

사이좋은 부부는 갈등이 있는 주제를 얘기할 때도 부드럽게 말을 시작해요. 서로에게 욕설을 하거나 상대를 경멸하고 깎아 내리는 말은 하지 않죠. 어떤 점이 불편하고 어떤 부분은 고쳤으면 좋겠다고 분명히 말하는 한편으로 상대의 의견도 듣고 타협을 합니다. 서로 바라보면서 말을 하고, 불만을 얘기할 때도 유머를 쓰며, 상대방의 장점은 인정해 주죠.

그에 반해 사이가 나쁜 부부는 서로를 비난하고 공격하는 말로 감정을 표현합니다. 말을 무시하거나 피하기도 하죠. 서로에게 긍정적인 표현은 전혀 하지 않습니다. 싸우고 난 후에는 상대에게 들은 말 때문에 깊은 상처를 입어요. 사이좋은 부부가 싸운 후에 '대화한 덕분에 관계가 더 좋아졌다.'고 생각하는 것과는 대조적이죠. 이렇게 대화 방식이 나쁜 부부들은 결국 몇 년 안에 반드시 이혼했다고 해요. 여러분 입장에서 보면 '반드시 헤어지는 연애'가 되는 거죠. 평소에는 서로 죽고 못 살 듯 좋아해도 싸울 때면 막말이 오가나요? 그럼 지금 두 사람의 관계는 위험해요.

존 가트맨이 연구한 결과에 따르면, 싸울 때 긍정적인 말과 부정적인 말의 비율이 적어도 5대 1은 되어야 관계가 유지된다고 해요. 싸울 때도 긍정적인 말을 다섯 배나 많이 하라니, 너무 어렵다고요? 그러니 연습이 필요하죠. 나도 열심히 연습했답니다.(정말 사이가 무척 좋아져요!) 부정적인 말은 파괴력이 굉장해서 긍정적인 말을 다섯 배는 들어야 그 상처가 아문대요.

"네가 많이 피곤했다는 건 이해해. 난 그 일이 섭섭하지만 네가 싫은 건 아냐. 솔직히 네가 이걸 잘하는 건 인정해. 널 상처 주고 싶지 않은데 지금 내가 너무 흥분한 것 같아. 30분만 진정하고 다시 얘기하자."

이와 같은 말들이 싸우는 순간에도 관계를 지켜 주는 긍정적인 말이에요. 잘 안 돼도 괜찮아요. 연습하기 시작했다는 사실이 중요하죠. 평소에 서로에게 칭찬을 많이 하도록 노력하고, 속상한 일이 있을 때도 첫

마디를 부드럽게 시작하면 점점 쉬워진답니다.

〈짝〉이라는 프로그램을 본 적이 있나요? 연인을 찾는 남녀들을 애정촌이라는 곳에 모아 놓고 그 안에서 나타나는 다양한 관계의 모습을 카메라에 담는 프로그램이죠. 다양한 나이대의 남녀들이 나오지만 신기하게도 연애를 하는 모습은 나이와 상관없이 거의 비슷해요. 심지어 할머니 할아버지가 연애하는 모습도 10대와 별로 다르지 않답니다. 나이가 들어도 미숙한 사람은 여전히 미숙하고, 상대를 배려할 줄 아는 매력적인 사람은 어디서든 눈에 띄어요. 신기하죠?

사랑의 기술은 나이를 먹는다고 해서 자연스럽게 발전하는 게 아니에요. 여러분이 지금부터 연습하고 실력을 쌓지 않는다면 나이가 들어서도 여전히 서툰 모습 그대로일지도 몰라요. 사랑은 분명히 상대를 바라보는 관점을 성숙시키고 배려의 기술을 연습해야 하는 영역이에요. 저절로 되는 게 아니죠. 권태기 없이 행복하게 사는 짝들은 그저 상대를 잘 만난 것이 아니라 열심히 노력한 사람들이에요. 관계의 달인인 셈이죠.

여러분, 행복한 연애를 하세요! 사랑이 처음 문을 두드리는 사춘기 때부터 사랑의 기술을 연습하기 시작한다면 호르몬이 지배하는 미숙한 사랑이 아닌, 훨씬 행복한 사랑을 오래오래 하게 될 거예요. 내가 꿈꾸는 사랑은 어느 날 갑자기 그냥 찾아오지 않아요.

사랑하려면
꼭 알아야 할 것들

사랑이 시작되면 영화처럼 '그들은 오래오래 행복하게 살았답니다.'라는 아름다운 이야기로 마무리되면 얼마나 좋을까요? 하지만 사랑은 역동적이기에 두 사람의 관계는 계속 움직여 갑니다. 그리고 사랑한다면 부딪칠 수밖에 없는 욕망과 성 문제에 다다르게 되죠.

사랑한다면 하나가 되고자 하는 것, 그 하나 됨을 통해서 생명이 태어나는 것은 무척 자연스러운 섭리예요. 서로 사랑하고 성관계를 하고 아기를 낳고 함께 양육해 가는 과정은 모든 자연계가 축복하는 일이지요.

그런데 여러분에게는 '아기를 낳고'부터가 문제가 돼요. 이 자연스러운 과정이 여러분에게는 아직 자연스럽지 않은 거예요. 아기를 낳고 기를 신체적, 정신적 준비와 독립의 실력이 아직 부족하기 때문이지요.(여러분이 미성년이라고 무시해서가 아니에요. 성인이라 해도 책임질 준비가 되지 않았다면 마찬가지라고 생각해요.) 그렇기에 성적인 하나 됨을 기다릴 힘과 자신을 보호하는 지혜가 필요합니다.

생명의 잉태는 삶에 엄청난 변화를 가져와요. 내가 준비되어 있지 않아도 강제적으로 부모가 되어야 하죠. 그 선택지가 아니어도 인생에서 경험하지 않아도 좋을 가혹한 선택을 해야 해요. 내가 생명을 '버리거나' 아니면 '죽여야만' 하니까요.(이 선택은 임신한 소녀뿐 아니라 아기를 갖게 한 소년도 피하지 못해요. 생명을 만든 '아빠' 잖아요.) 여러분은 지금 어느 때보다 순도 높은 성적 욕망과 순진한 연애관을 가진 시기입니다. 그렇기에 더욱더 기다리는 법과 서로 보호하는 법, 그리고 그날이 온다면 내 몸과 생명을 지켜 줄 피임법에 대해 알기를 바랍니다.

피임은 기본적으로 '난자와 정자가 만나지 못하게 하는 방법'이라고 생각하면 돼요. 인체의 세포 중에 가장 생명력이 강하고 에너지가 왕성한 이 두 세포가 만나면 생명이 잉태되니까요. 임신을 막는 것이 가장 중요한 목적이지만, 그 외에도 서로의 건강을 보호하고 성병의 감염을 막는 좋은 방법이 되기도 해요. 여러분이 많이 듣고 서로 얘기도 하지만 정확히 알고 있지는 않은 피임법을 알려 줄게요.

❇ 콘돔

가장 대표적인 피임 도구 중 하나예요. 주로 남성의 발기한 음경에 씌우는 얇은 고무막을 말하죠.(여성용 콘돔도 있기는 하지만 구하기가 어렵고 사용법도 복잡해요.) 모양은 남성의 음경에 잘 맞게 길쭉한 고무풍선처럼 생겼어요. 직접 본 친구들도 많죠? 여러분이 콘돔을 사서 직접 만져 봤으면 해요. 소년들은 직접 끼우는 연습도 해 보세요. 편의점이나 약국, 마트에서 쉽게 찾을 수 있고, 혹시 계산하기 부끄럽다면 지하철역의 자판기에서도 파니까요. 콘돔을 미성년자는 사지 못하는 물건으로 알고 있는 친구들이 있는데, 그렇지 않아요. 콘돔은 학생들도 제한 없이 살 수 있답니다. 당당히 사서 살펴보기 바라요.

콘돔은 정액이 여성의 성기에 직접 닿지 않게 막아 주는 역할을 해요. 사정을 하면 정액 속의 정자가 바로 여성의 질 벽을 타고 헤엄쳐 올라가거든요. 여성의 성기와 직접 접촉하지 않게 하기 때문에 에이즈나 매독 등 여러 가지 질병에 감염되는 것도 막아 줘요. 하지만 사면발니(음모에 기생하면서 피를 빨아 먹는 기생충 중 하나. 감염되면 무척 가렵고 전염이 잘 돼요.)

처럼 예방이 되지 않는 성병도 있으니 만능은 아니에요.

포장에서 꺼내 보면 도르르 말린 모양이고 끝이 삐죽이 솟아 있는데, 솟은 부분을 비틀어서 공기를 빼고 발기한 남성의 음경 끝에(발기되지 않은 음경에 씌우는 건 소용이 없어요.) 밀착시켜서 피부를 따라 천천히 펴면서 씌우면 돼요. 공기가 들어가 있으면 콘돔이 터지거나 사정을 했을 때 정액이 바깥으로 밀려 나올 수 있어요. 그리고 콘돔을 미리 죽 풀어 버리면 절대 들어가지 않아요. 다시 말기도 불가능하니 그냥 한 장을 버리게 되죠. 사용 후에는 잘 벗긴 후 정액이 흐르지 않도록 묶어서 버리면 돼요.

끝 부분만 씌우거나 중간까지만 씌우면 되는 줄 아는 친구들도 있는데, 끝 부분만 씌우면 반드시 벗겨져 버려요. 중간까지 씌워도 벗겨지거나 밀려 올라가니까 꼭 음경의 뿌리 부분까지 다 씌워 주어야 안전해요. 그리고 아주 작은 구멍이라도 있으면 안 돼요. 정자는 무척 작잖아요? 바늘구멍 같은 미세한 통로라도 정자에게는 고속도로랍니다.

아직 성관계를 해 본 적이 없는 소년들도 콘돔을 사용하면 느낌이 좋지 않다는 근거 없는 말을 믿고 막연히 '난 쓰기 싫어.'라고 생각하는 것을 자주 봤어요. 요즘 콘돔은 매우 얇게 잘 만들어졌기 때문에 쓰지 않

을 때와 느낌이 크게 다르지 않을 뿐만 아니라 오히려 안정된 성관계를 할 수 있도록 도움을 줍니다. 무엇보다도 가장 구하기 쉽고 저렴하면서도 안전한 피임법이라는 사실을 알았으면 해요. 콘돔 없이 무작정 성관계를 하는 것은 성병과 임신의 위험을 시한폭탄처럼 안고 가는 것과 마찬가지랍니다.

✳ 경구 피임약

'여자가 피임약을 먹으면 되잖아요?'라고 생각하는 소년들이 있겠죠? 그런데 그게 그렇게 간단하지 않답니다. 피임약의 원리는 약으로 여성호르몬을 먹어서 배란이 되지 않도록 해 주는 거예요. 몸의 자연스러운 흐름을 무너뜨리는 일이죠. 그래서 부작용도 만만치 않아요. 두통에 시달리거나 몸이 붓기도 하고, 우울증, 피부 발진, 심하면 자궁 내 출혈이 생기기도 해요. 이밖에 뇌졸중이나 심장마비 같은 심각한 병이 심해지거나 생길 수도 있어요.(특히 흡연한다면 말이죠.)

왜 이렇게 부작용이 많냐고요? 피임약은 한번 먹기 시작하면 오랫동안 복용해야 하는 약이거든요. 한 알만 먹으면 피임이 된다고 생각했나요? 틀렸어요. 피임약은 성관계를 갖기 최소한 일주일 전부터 매일 먹어야 효과가 있어요. 물론 성관계 후에 먹는 건 아무 효과도 없죠.

피임약을 본 친구들이 있나요? 피임약은 21알 또는 28알이 한 세트로 되어 있어요. 많죠? 그걸 매일 같은 시간에 꼬박꼬박 한 알씩 먹어야 피임이 되는 거예요. 하루라도 건너뛰면 바로 그날 임신이 될 수도 있어요. 그렇게 21일을 먹고 일주일을 쉬는데(28알 세트는 21일을 먹은 후 쉬지 않고 색깔이 다른 7알을 먹어요.) 그사이에 생리를 하게 돼요. 일주일을 쉰

후 다시 똑같은 방식으로 약을 계속 먹어야 하죠.

　피임약은 약국에서 팔아요. 처방전 없이 파는 것도 있지만 여러분이 선뜻 사기에는 가격이 좀 부담스럽죠. 성병은 예방이 되지 않고 피임 성공률도 콘돔보다 떨어진다는 점을 알아 두세요.

✤ 자연 주기법

　여러분이 학교에서 가장 먼저 배우는 피임법(?)이 바로 이 방법일 거예요. 여성의 몸에는 배란기가 정해져 있고, 배란이 된 난자가 살아 있는 기간만 피하면 임신이 되지 않는다고 배우죠. 대체로 생리가 끝난 직후부터 약 10~11일 동안이 가임기(임신이 가능한 시기)예요. 자연 주기법은 이 기간에 성관계를 하지 않으면 된다는 겁니다. 그런데 이 방법은 거의 운에 맡기는 것과 다름이 없어요. 피임법이라고 부르기 민망할 정도로 성공률이 낮기 때문이죠.

　이 방법이 성공하려면 몸의 리듬(생리 주기, 배란 주기)이 아주 규칙적이어야 해요. 그런데 현대에는 그런 여성이 거의 없어요. 환경이 주는 스트레스와 음식 등 여러 영향으로 모두가 조금씩 불규칙하죠. 특히 배란은 스트레스와 신체적 변화에 민감하기 때문에 쉽게 늦춰지거나 당겨져요. 심지어는 생리 기간에 배란이 일어나기도 하죠.(대부분 생리 기간에는 성관계를 해도 임신이 되지 않는다고 생각하는데, 그렇지 않아요. 임신이 될 수도 있답니다. 게다가 생리 중에는 여성의 생식기에 면역력이 떨어지기 때문에 세균에 감염될 위험도 높아요. 그러니 생리 기간에는 성관계를 하지 않는 게 좋아요.) 특히 초경한 지 얼마 되지 않은 사춘기 소녀들은 생리 주기나 배란 주기가 훨씬 불규칙해요. 그런데 남성의 정자는 여성의 몸속에서 3~5일까지도 생존한답니다. 자기 몸의 리듬을 알기 위해 배란 주기를 계산해 보는 건 좋지만, 자연 주기법으로 효과적인 피임이 가능하다는 생각은 고이 접기로 해요.

✳ 체외 사정

정확히 말하면 체외 사정은 피임법이 아니에요. 아무 준비 없이 분위기에 휩쓸려 성관계를 맺을 때 이 방법을 쓰게 되죠. 남자들은 여자를 안심시키려 "걱정하지 마. 사정은 몸 밖에다 할게. 그럼 임신하지 않을 거야."라고 말해요. 하지만 청소년들의 임신은 대부분 이 방법이 실패해서 생기는 결과예요. 정확히 알아 두세요. 이 말을 하는 쪽도, 동의하는 쪽도 임신이 되는 성관계를 하겠다고 말하는 것임을.

정자는 사정하기 전에도 조금씩 흘러나와요. 음경이 발기할 때 요도를 청소하려고 나오는 쿠퍼선액(음경이 흥분했을 때 나오는 투명하고 미끈미끈한 소량의 분비물)에도 정자가 섞여 있거든요. 그리고 남성이 성행위를 하면서 흥분이 극에 달하면 정액이 소량씩 흘러나오기도 해요. 게다가 이성이 마비되는 절정의 순간에 냉정을 찾고 성기를 여성의 몸 밖으로 빼기란 무척 어려운 일이에요. 더구나 사춘기 소년들에겐 말이죠.

그래서 반쯤 사정을 하고 뒤늦게 빼거나 아예 몸 안에 사정하고 마는 경우가 많아요. 그런 일이 벌어지고 난 후에는 후회해도 이미 돌이킬 수 없죠. 재빨리 물로 씻으면 안 되느냐고요? 소용없어요. 물로 아무리 꼼꼼히 씻어도 몸 안의 정액을 다 씻어 내기는 불가능하고, 또 이미 정자는 빠른 속도로 질의 점액을 타고 자궁 속으로 들어가 버리니까요. 도리어 질의 면역력을 떨어뜨려 감염 위험을 높이거나 물의 압력 때문에 정액이 더 밀려 올라가기도 해요.

드문 경우이기는 하지만 성공적으로 몸 밖에서 사정을 했다고 해도 외음부에 묻어 있는 정액으로 임신이 되기도 해요. 여성의 질이 점액으로 촉촉해져 있다면 정자는 그 점액을 타고 여성의 몸속으로 빠르게 들어가거든요. 정자는 무척 운동성이 크고 생명력이 강한 세포임을 기억하세요.

그러니 체외 사정은 어떤 상황에서도 택하지 마세요. 체외 사정을 할 테니 걱정 말라는 말은 이 순간 자신의 욕구에 충실한 것일 뿐 배려심이나 미래에 대한 책임감 따위는 결코 없는 말임을 명심해요.

❇ 응급 피임약

이 약은 수술을 제외한다면 성관계를 한 뒤에도 아기가 생기지 않도록 시도하는 유일한 방법이에요. 준비되지 않은 성관계를 해서 임신일까 봐 걱정된다면 혼자 앓지 말고 일단 이 방법을 선택하세요.

응급 피임약은 대량의 여성호르몬을 한꺼번에 복용해서 배란을 방해하고 수정이 되지 않도록 막아 주는 역할을 해요. 수정이 돼도 자궁벽을 무너뜨려 착상을 막는다고도 하지만 사실상 그 효과는 거의 기대하기 어려워요. 이 약은 성관계 후 최대한 빨리 먹어야 피임이 됩니다. 보통 성관계 후 1일째는 95퍼센트, 2일째는 85퍼센트, 3일째는 58퍼센트 정도의 확률로 갈수록 피임 성공률이 떨어지니까요. 그러니 필요한 상황일 때는 망설이지 말고 최대한 빨리 병원으로 가야 해요.

이 약은 병원 처방을 받지 않고서는 살 수 없어요. 그래도 건강보험 적용이 되지 않기 때문에 병원에 간다고 해도 보험 기록에 남지 않고 보호자에게 연락이 가지도 않아요.(대신 진료비와 약값을 포함해서 3만 원 전후의 돈이 들어요.) 병원에 가면 의사 선생님이 성관계를 한 지 얼마나 됐는지, 생리는 언제 했는지 등의 간단한 질문을 하고 약을 처방해 줘요. 몇 분이면 끝난답니다. 수치심과 두려움 때문에 다른 사람을 대신 보내면 처방을 받지 못해요. 간혹 병원에 남자 친구가 대신 오는 경우가 있다고도 하는데, 법적으로 남자 앞으로는 처방이 되지 않는 약이니까 용기를 내서 꼭 같이 가세요.

원하지 않는 임신을 마지막으로 막아 주는 고마운 약이지만 콘돔이나 경구 피임약보다 피임 실패율이 훨씬 높아요. 몸에 주는 부작용도 만만치 않죠. 대량의 호르몬을 먹는 부자연스러운 일인 탓에 몸에 큰 혼란을 주거든요. 그러니 꼭 필요한 상황에만 응급 대책으로 쓰도록 해요.

✳ 당당하게 거절하기

어쩌다 보니 사귀는 이와 성관계까지 가게 된 긴박한 상황! 분위기를 깨거나 거절감을 겪는 게 두려워서 아무 말도 하지 못한 채 순한 양처럼 끌려가나요? 이런! 결코 그래서는 안 돼요!

지금 관계가 나빠질까 봐, 혹은 순진해 보이지 않을까 봐 어쩔 줄 모르고 고민하는 사이 임신이 될지도 몰라요. 강하게 주장해야 해요. 피임하라고! 피임하지 않고 우격다짐으로 성관계를 한다는 건 서로를, 특히 여성을 전혀 배려하지 않는 행동이에요. 뭐라고 변명하든 간에 그건 사랑이 아니라 지금 이 순간의 성욕 때문에 섹스하고 싶은 거예요.

"콘돔은 있어? 그것도 없으면서 지금 섹스하겠다는 거야? 안 돼! 체외 사정을 하자고? 웃기지 마. 그런 건 피임도 안 되거든."

이렇게 말하고 당당히 거절하세요. 인생이 걸린 일이에요. 임신이 되면 책임진다고 말하나요? 그럼 이렇게 얘기하세요.

"알았어. 그럼 엄마 아빠한테 말씀드릴게. 먼저 결혼 허락받으러 와. 그다음에 섹스하자. 그전엔 안 돼."

두 사람을 위해서 지금 당장 피임도 하지 않으려는 사람이 임신이라는 엄청난 문제가 닥쳤을 때 정말 책임질 것 같나요? 이 순간의 분위기와 흥분된 감정은 성행위가 끝나면 지나가 버리고 말아요.

상대가 날 어떻게 보든 그것보다 자신을 보호하는 게 훨씬 중요해요. 그런 상황에 닥쳤을 때 꼭 아는 척하세요. 상황에 끌려가지 않고 자신의 성과 삶에 온 힘을 다하는 당차고 똑똑한 주인이 되길 바라요.

임신은
이런 거야

섹스를 한다면 임신은 이미 내 삶 아주 가까이에 와 있는 거예요. 요즘은 피임법이 많이 개발되어서 임신과 상관없이 성생활을 즐겨도 된다고 생각하는 사람들이 많죠. 개인의 선택을 참견할 수도 없고, 한 사람 한 사람의 내밀한 이야기를 다 알 수도 없어요. 다만 자연 상태 그대로일 때 섹스를 하면 임신이 되고, 그것은 피임법이 아무리 발달했다 하더라도 피임에 실패한다면 언제든지 일어날 수 있는 일이라는 사실만큼은 변함이 없어요. 그렇기에 섹스를 한다면 피임이 실패할 경우에 대한 책임 의식도 늘 가지고 있어야 한다고 생각해요.

우리는 바로 곁에 있는 생명의 섭리를 피임이라는 얇은 천으로 덮어 놓고 일부러 보지 않으려 하는지도 몰라요. 축복받는 아기가 태어날 때 부모가 느끼는 놀라운 생명의 신비는, 여러분의 예민한 호기심과 욕구의 핵심인 '성'의 작품이에요. 그래서 여러분에게 임신 얘기를 하려고 해요. 언젠가는 여러분이 경험하게 될 부모가 되는 일에 대해서요.

[illegible] 몸과 마음의 변화

아기가 엄마의 배 속에서 자라고 태어나는 과정은 성교육 시간에 이미 많이 들었을 테니 굳이 길게 얘기하지 않을게요. 여러분이 잘 알듯이, 성행위로 음경이 질에 들어와 사정을 하고 난자와 정자가 만나면 임신이 돼요. 임신 기간은 대략 10개월 정도죠. 이 사이에 여성의 몸과 마음은 큰 변화를 겪어요.

임신이 되면 아기는 빠른 속도로 자라요. 난자와 정자가 만난 지 18일이 되면 벌써 태아의 심장이 뛰기 시작해요. 28일이 되면 눈과 귀가 만들어지기 시작하고, 42일이 되면 그 작은 아기에게 기억력이 생기죠. 자신이 엄마 배 속에서 느끼는 일들을 기억하기 시작하는 거예요.

새로운 생명의 잉태는 여성의 몸에도 큰 사건이랍니다. 그래서 몸은 배 속의 아이를 위해 부지런히 변해요. 호르몬의 분비량과 종류가 크게 달라지고, 영양분을 나누고, 피를 자궁 쪽으로 더 많이 보내고, 더 많은 노폐물을 처리하죠. 이렇게 급속히 생기는 변화 때문에 여성은 무척 피곤해하고 잠을 많이 자게 돼요. 심리적으로도 예민하고 불인정해진답니다. 3개월이 지나기까지 입덧으로 음식도 먹기 어렵고, 어지러움과 매스꺼움 등에 시달리기도 해요. 그래서 이 시기에는 열심히 비타민을 챙겨 먹고 꼭 안정을 취해 줘야 하죠.

충분히 준비되지 않은 상태에서 겪는 임신의 과정은 만만치 않아요. 안 그래도 무척 힘든 상황인 데다가 호르몬의 불균형으로 감정 기복이 더 커지니까요. 더구나 아기를 갖는 것에 대해 고민해 보지 않았고, 전혀 원하지도 않았던 10대라면 이런 변화는 더욱 당황스럽고 어렵죠.

준비되어 있지 않아도 생명은 만들어져요. 아기는 내 몸과 마음이 준비될 때까지 기다려 주지 않죠. 열다섯 살 이전의 소녀들은 산도(아기가 나오는 길과 그 길을 여는 시스템)가 아직 다 만들어지지 않아서 대부분 정상 분만을 하지 못하고 제왕절개를 해야 해요. 아기를 낳고 나서도 몸에 후유증이 남을 수 있죠. 내 몸이 아직 미숙해도, 내 마음이 준비되지 않았어도, 부모님과 남자 친구, 주변의 모든 상황이 그 사실을 감당할 수 없어도 생명은 잉태돼요.

내가 만들어졌듯 만들어지는 또 하나의 생명. 한번쯤 그 아이에 대해서 깊이 생각해 보기 바라요. 나의 유전 정보를 받고 나와 닮은 외모와 성격을 가진, 나의 선택으로 만들어진 아기에게 난 이 세상에서 하나밖에 없는 '엄마', '아빠'가 될 테니까요.

✿ 삶의 변화

나는 10대에 아기를 갖게 된 친구들이 죄를 저질렀다고 생각하지 않아요. 다만 그 친구들이 겪어야 할 너무나 험난한 시간과 상처들이 안타까울 뿐이에요. 우리나라는 아직도 이런 친구들을 넉넉하게 품어 주고 충분히 보호해 주지 못하는 것 같아요. 아무리 잘해 줘도 임신한 친구들의 삶의 무게를 다 덜어 줄 수는 없는 일인데 말이에요.

임신 사실을 알게 되었을 때, 가장 두려운 일 중 하나는 부모님께 사실을 알리는 일일 거예요. 그래도 부모님이 아셔야만 자신을 제대로 보호할 수 있어요. 용기를 내세요. 부모님은 여러분을 사랑해요. 절대 혼자 앓지 마세요. 믿기지 않은 현실 앞에서 임신을 외면한 채 고민만 하는 동안에도 배 속의 아기는 쉼 없이 자라고 있으니까요.

부모님께 말하는 것이 너무 높은 벽이라면, 여러분을 도와줄 곳에 연락하세요. 학교 상담실도 믿기 어렵다면 전화기를 들고 1388(전국 어디서든 도움이 필요한 청소년을 위해 24시간 운영하는 청소년을 위한 전화랍니다.)을 누르기만 하면 돼요. 여러분을 도울 준비가 된 상담사들이 전화를 받을 거예요. 무섭고 불안한 친구들의 마음을 잡아 주고, 힘든 상황을 헤쳐 갈 수 있도록 도움을 줄 거예요. 필요하다면 부모님을 같이 만나 주고, 그럴 수 없는 상황이라면 출산을 할 때까지 여러분이 보호받을 곳을 연결해 주거나 중요한 결정에 함께해 줄 거예요. 찾아보면 입양이나 양육을 도울 좋은 사람들과 기관이 있답니다. 꼭 기억해요. 임신은 혼자서 감당할 수 없는 큰일이에요. 반드시 도움을 받아야 해요.

임신하면 원치 않아도 아기가 삶의 중심이 된답니다. 내가 주인이 되어 살던 학교생활과 친구 관계, 취미 생활, 미래에 대한 꿈도 송두리째 바뀌죠. 나만큼이나 중요한 또 한 사람(아기)이 내 인생에 들어왔기 때문이에요. 학교에 다니지 못하게 될 수도, 친구들과 어울리지 못할 수도 있어요. 10대 미혼모의 85퍼센트가 학교에 다니지 못하고 있다는 뉴스를 보았을 땐 가슴이 아팠어요. 결혼을 한 후 기나리고 기나리던 아기였다면 모두에게 기쁨이었을 텐데, 똑같이 만들어진 생명인데도 불행이 되어야만 하는 현실이 안타까워요.

연애를 하면서 막연히 핑크빛 미래를 꿈꾸던 시절, 농담 삼아 "넌 내가 책임질게. 우리 아기가 생기면 둘이서 재미있게 키우면서 학생 부부하자." 이런 대화를 주고받았던 친구들도 막상 임신이라는 사실을 알게 되면 무시무시한 현실에 당황하고 떨게 돼요.

소녀들은 최대한 시간을 끌면서 임신이 아니라고 믿으려 하죠. 그 사실을 받아들이기가 굉장히 무서운 거예요. 소년들은 갑자기 지워진 책임감의 무게에 눌려 '내 애가 아닐 거야.'라고 생각하며 상대의 허점을 찾거나, '난 지금 결혼할 정도로 애를 사랑하지 않아. 애도 날 유혹했고 함부로 행동했으니 내가 책임질 필요는 없어.'라며 자신을 합리화하기도 해요. 누가 더 나쁘다고 말할 수 없어요. 그것은 두 사람 모두에게 감당하기에는 너무 벅찬 짐인 거죠.

이렇게 현실을 직면하면서 소년과 소녀는 상대가 의지하지 못할 무력한 존재임을 깨닫게 돼요. 그 사실에 두 사람은 무척 상처를 받고 절망감을 느껴요. 둘이서 똑같이 유전자를 주어서 만들어 낸 생명이지만 배 속에 아이를 품고 있는 쪽은 소녀잖아요. 그래서 소녀들은 어떻게든 아빠인 소년을 잡으려 하고, 소년은 그 무거운 책임에서 벗어나려고 외면해 버리는 안타까운 상황도 많이 벌어져요. 어느 쪽도 준비되어 있지 않았으니까요.

원치 않는 임신일 때 아이 아빠인 쪽이 계속 곁에서 역할을 감당하는 경우는 드물다고 해요. 대부분 자신이 아빠라는 사실을 부인하거나, 인정한다 해도 여자 쪽에서 알아서 하라고 책임을 넘겨 버리죠. 그런다고 그 아이의 아빠라는 사실은 영원히 사라지지 않는데 말이에요. 이만큼

벼랑에 몰리고 나면 소녀도, 소년도 괴로운 상황에서 벗어나려고 낙태를 생각해요. 인생을 망쳐 버린 아기가 사라지면 모든 게 괜찮아질 거라고 생각하는 거예요.

낙태에 관한 영상을 본 적 있나요? 태아가 자라고 있는 자궁 속으로 흡입기를 넣어 태아를 빨아들이거나 금속 기구로 긁어내죠.(부드러운 몸속을 금속 기구로 긁어내다 보니 심각한 후유증이 남게 돼요.) 태아가 좀 자란 상태라면 몸을 산산조각 내서 빼내요. 나는 학창 시절에 본 그 영상의 충격을 오랫동안 잊지 못했어요. 몸속에서 꺼낸 건 사람이었어요. 그대로 태어났다면 쑥쑥 자라 여러분처럼 멋도 부리고 연애도 했을 한 아이였죠.

소년과 소녀의 바람대로 낙태를 하고 나면 다 괜찮아질까요? 그렇다면 좋겠지만 그건 거짓말이에요. 낙태 수술을 하고 나면 온몸이 두들겨 맞은 것처럼 아프고, 한동안 출혈 때문에 기저귀를 하고 다녀야 해요. 호르몬 균형이 급속히 붕괴되기 때문에 심한 우울증과 죄책감, 불안으로 고통을 겪는 '낙태 후 스트레스 증후군'도 찾아와요. 그리고 상실감과 죄책감은 시간이 지나도 지워지지 않죠. 성숙해지면서 낙태의 의미를 깨닫고, 나중에 아이를 낳아 키우면 더욱 많이 생각나고 가슴을 아프게 하는 일이 된다고 해요.

10대에 낙태를 경험한 경우 습관성 유산이나 불임이 될 확률이 높아져요. 자궁내막염, 자궁경부암 등의 질병에도 상당히 취약하고요. 대부분이 몸조리도 제대로 못 하기 때문에 더하죠. 그래서 나중에 정말 사랑하는 사람과의 사이에서 아기를 갖고 싶어노 갖지 못하게 되는 경우도 많아요.

요즘 같은 시대에 이런 말을 하는 내가 좀 고리타분해 보일지도 모르겠어요. 여러분의 성적 자율권을 침해하려는 게 아니에요. 섹스가 나쁜 짓이라고 생각하지도 않아요. 오히려 섹스는 정말 고귀한 일이라고 말해 주고 싶어요. 중요한 건 섹스는 분명히 생명을 만드는 행동이고, 그에 대한 책임이 따른다는 거예요. 결코 쾌락만 주는 행위가 아니라 나의 삶과 미래의 아기의 생명을 걸고 하는 모험이에요. 나와 상대를 향한, 그리고 잉태될지도 모를 생명을 향한 깊은 애정과 책임감이 반드시 필요해요. 그렇지 않으면 섹스는 결국 행복이 아닌 깊은 상처로 남게 될 수 있음을 꼭 기억해요.

순결이 뭔가요?

순결 반지를 끼거나 순결 사탕을 먹어 본 적 있나요? 그런 행사를 하면 정말로 마음속에 진지한 고민과 굳은 결심이 생기던가요? 그런 행사는 정말 짜증 난다고요? 요즘 같은 시대에 무슨 순결이냐고요? 그래요, 그럴 만하죠. 그런데 여러분은 순결이 뭐라고 생각해요? 여성이 결혼해서 첫날밤을 맞이할 때까지 성관계를 하지 않은 상태라고 생각하나요? 그럼 남자는요? 순결은 여성한테만 중요할까요? 단 한 번이라도 성적인 경험을 하고 나면 정말 순결하지 않은 걸까요? 말도 많고 탈도 많은 순결 이야기, 우리 한번 나눠 봐요.

순결은 은근히 부담스럽고 긴장되는 낱말이죠. 특히 소녀에게는 더 그래요. 처녀막 때문에 '표'가 난다고 생각하거든요. 이 부담이 얼마나 큰지 우리나라에는 다른 나라에서 찾아보기 어려운 처녀막 재생 수술이라는 게 있잖아요. 이 무슨 웃지 못할 일인지……. 여러분, 도대체 순결을 뭐라고 생각하기에 이런 일이 벌어지는 걸까요?

순결이라는 낱말을 사전에서 찾아보면 '1.잡된 것이 섞이지 아니하고 깨끗함 2.마음에 사욕, 사념 따위와 같은 더러움이 없이 깨끗함 3.이성과의 육체관계가 없음' 이라고 되어 있어요. 즉, 순결은 정신적인 영역에서 시작한다는 거죠. 특히 여성만 순결을 지켜야 한다는 내용은 어디에도 없어요. 순결을 지킨다는 말은 정신적 순수함과 마음의 깨끗함을 지키겠다는 의미예요. 거기서 나아가 육체적인 정절도 지키겠다는 거죠.

순결을 마치 쉽게 깨지는 유리그릇쯤으로 생각하는 사람들이 많은데, 그런 생각이 얼마나 많은 10대들에게 좌절감과 죄책감을 심어 주는지 몰라요. 사람은 언제든지 다시 순결해질 수 있어요. 순결은 마음가짐과 선택, 그리고 앞으로의 삶과 사랑에 대한 적극적인 자세이기 때문이죠. 한 번의 성 경험으로 영원히 잃어 버리는 게 아니에요.

순결해지기로 선택한 사람은 이전에 순결을 선택하지 못했던 상황을 안타까워할 수도 있어요. '내가 좀 더 일찍 성숙했더라면, 좀 더 빨리 이 선택을 했더라면 좋았을 텐데.'라고 생각하기도 하겠죠. 하지만 그렇다고 해서 '난 실패했다.'라거나 '이미 더럽혀졌어.'라고 생각하지는 않아요.

꼭 성 경험의 유무만이 순결을 결정지을까요? 음란물에 빠져서 매일 몸과 마음을 쾌락에 던지며 허우적대던 시간은요? 그것보다 순진하게 연애를 하다 엉겁결에 성 경험을 한 친구가 더 순결하지 못하다고 말할 수 있을까요? 원치 않은 성폭력을 당한 친구는요? 이제 순결을 잃었다고 자포자기해야 하는 건가요?

음란물 때문에 가치관에 상처를 입은 친구들, 이전의 교제에서 성 경험을 하고 마음에 상처를 받은 친구들을 많이 보았어요. 성을 함부로 사용하고, '그런 걸 요즘 시대에 뭐하러 따져? 차별이야!'라며 더 대범하게 자신을 던지는 친구들도 있죠. 그런데 누구보다 자유롭고 당당해 보이는 친구들의 마음 깊은 곳에는 자포자기의 심정도 있어요. '내가 정말 사랑하는 사람을 만났을 때 이런 나를 싫어하면 어쩌지?' 하는 불안감도 상당하죠.

상처받거나 음란물에 오염되지 않은 자연스러운 상태일 때, 소년 소녀는 성과 사랑을 가볍게 생각하지 않아요. 거짓말과 상처에 지지 마세요. 누구도 여러분의 순결을 망쳐 놓거나 빼앗을 수 없어요.

그럼 순결한 사랑을 하고 싶다면 어떻게 해야 할까요? 연애 관계에서 순결이란 마음과 생각, 성의 영역에서 나타나요. 먼저 한 사람에게 충실하기로 선택하는 것이 마음의 순결이에요. 지금 내가 교제하고 있는 사람에게 온 마음을 다하고, 양다리를 걸치거나 다른 사람을 찾고 비교하는 일을 하지 않는 거죠. 설령 헤어지게 되더라도 이별하는 순간까지 상대에게 충실한 것. 이런 자세가 바로 순결한 모습이에요.

그리고 만나는 상대를 나의 만족을 위해서 이용하거나 조종하려 하지 않고 순수하게 좋은 관계를 만들려 노력하는 태도가 생각의 순결이에요. '솔직히 얘는 별로 매력은 없지만 돈이 많고 선물을 많이 사 주니까 한동안 사귀다 차 버려야지.'라고 생각한다면, 생각의 순결을 지키는 게 아니죠. 힘든 마음을 위로하려고, 이 친구를 만나면 남들이 부러워하니까, 원하는 걸 뭐든 다 들어주니까 사귄다면 그건 순결하지 않은 연애예요.

이런 생각이 발전하면 조건을 따지며 연애하고 결혼하는 사람이 되고 말아요. 조건을 보고 결혼하는 사람들은 자기 생각에 가로막혀 사랑과 결혼의 깊은 행복을 보지 못합니다. 관계의 기본은 상대에 대한 순수한 호감과 애정이어야 해요. 그리고 서로가 사랑하기로 했다면, 그 관계를 행복하게 만들기 위해 온 힘을 기울이세요. 서로 변화하고 노력해야 해요. 설령 헤어지게 되더라도, 노력하며 쌓은 사랑의 실력은 성숙으로 이어져 다음 관계를 더 아름답게 해 주니까요.

이런 태도를 지키다 보면 어떤 사람들은 이 사람 저 사람과 쉽게 성관계를 하지 않겠다고 결정하기도 해요. 성을 잠깐 스쳐 지나가는 사람이 아니라 오래도록 삶을 함께할 사람과 나눌 소중한 가치로 선택하고 지키는 것이죠.

이런 선택을 하는 것이 의미가 있을까요? 열심히 마음과 생각, 성의 영역에서 순결을 지켰던 사람들을 대상으로 한 연구 결과가 하나 있답니다. 미국 브리검 영 대학의 덴 버스비 교수와 연구팀은 결혼한 성인 2,035명을 대상으로 섹스를 한 시기가 결혼생활에 미치는 영향을 조사했어요. 연구팀은 참가자들을 교제 1개월 이내 섹스를 한 경우(776명), 1개월 후에서 2년 이내 섹스를 한 경우(923명), 결혼할 때까지 섹스를 기다린 경우(336명) 등 3개 그룹으로 분류했어요.

연구 결과 섹스를 오래 기다릴수록 섹스, 의사소통, 교제 만족감, 교제 안정성의 질이 더 높았다고 해요. 결혼식 때까지 섹스를 하지 않은 부부들은 일찍 성관계한 부부보다 22퍼센트 정도 관계가 더 안정적이었어요. 관계 만족도는 20퍼센트 가량 높았고, 의사소통은 12퍼센트, 섹스의 질은 15퍼센트 더 높았다고 해요.

연구를 감독한 덴 버스비 교수는 '사람들 사이에는 섹스 이상의 관계가 있습니다. 우리는 섹스를 하지 않고 오랫동안 기다렸던 사람들이 관계와 성적인 면에서 더 행복해한다는 사실을 발견했습니다. 그 이유는 그들이 직면한 문제에 대해 대화하는 법을 배우고 문제를 다루는 기술을 가졌기 때문입니다.' 라고 정리했다고 해요.

연구 결과 행복해진 사람들이 단순히 섹스를 미루기만 했다고 생각지 않아요. 도리어 마음과 생각의 순결을 열심히 지키고, 서로 상대의 성 가치관을 존중하면서 관계를 가꿔 가기 위해 힘을 다해 노력한 거죠. 그런 노력 때문에 함께 갈등이나 문제를 해결하는 실력과 대화의 수준도 높아질 수 있었고, 결국 더 행복해진 거예요.

하지만 잊지 말아야 할 게 하나 있어요. 앞의 연구에서 가장 행복해진 사람들도 이전에 성 경험이 한 번도 없거나, 처음부터 관계를 잘 가꿔 온 사람들이 아니라는 사실이죠. 연애에 실패해 본 경험도 있고, 성 경험도 있지만 지금 만나게 된 사람과의 관계를 열심히 가꾸었기 때문에 행복해진 거예요. 내가 순결이라는 가치를 지키기로 한다면, 순결은 언

제나 끝나지 않는 희망입니다.

오랫동안 잘못 사용되어 온 순결이란 말을 이제 여러분이 새롭게 정의했으면 좋겠어요. 여성과 경험에만 집착하는 낡은 개념은 이제 내려놓으세요. 순결은 그보다 훨씬 고결한 '선택'과 '삶의 태도', '상대를 존중하는 자세'랍니다. 할 수만 있다면 건강한 순결을 말하는 새로운 용어를 만들어 봐도 좋아요.

연애, 똑똑하게 해 봐요

'진정한 사랑이란 무엇일까?'

사랑이 최고의 관심거리가 된 사춘기부터 이런 고민이 시작되죠. 주변에는 날마다 새로운 연애 얘기, 인기 있는 선배와 연예인 얘기로 대화의 꽃을 피워요. 하지만 심심치 않게 미숙한 연애의 사건 사고 소식도 들려옵니다. 그런 얘기를 듣다 보면 가까이 하기에는 왠지 불편한 대상이 된 이성이 끌리기도 하고, 무섭기도 해요.

무척 즐겁고 좋을 것도 같고 자칫 잘못하면 큰일 날까 싶어 겁이 나기도 하는 일, 즉 연애는 이제 여러분의 삶의 중심에서 물결치고 있어요. 여러 연애 이야기를 듣고, 때론 내가 주인공이 되어 내 연애 얘기를 하기도 하죠. 그러다 보면 생각하게 됩니다.

'정말 좋은 연애는 어떻게 하는 걸까?'

건강하고 행복한 연애, 누가 봐도 "쟤들 참 보기 좋다."라고 할 만한 연애를 하고 싶나요? 그런 생각을 하고 있다면 이미 준비가 된 거예요. 여러분 마음에 관계를 잘 가꾸고 싶다는 바람이 생겼으니까요. 예쁜 연애를 만들어 갈 실력이 쌓이기 시작한 거죠. 어렵지 않아요. 자신을 소중히 여기고 상대를 존중해 준다면 분명 좋은 관계를 만들 수 있답니다. 어른들을 속이지 않고, 서로 상처 주지 않기 위해 한 약속들을 지킨다면 불행한 사건이나 후회도 막을 수 있어요.

숨기고 거짓말하고 고민하기보다 부모님을 내 편으로 만드세요. 데이트할 용돈도 주고 든든한 배경이 되어 줄 지원군으로 말이죠.

10대에 하는 연애는 나쁜 짓이 아니랍니다. 여러분은 모두 성장 중이며 찬란한 사랑을 목표로 연습 중이기 때문이죠. 소년과 소녀가 서로에 대해 배우고 어떻게 사랑해야 하는지도 알아 가는 중요한 시기라고요. 단, 연습 중이기에 언제든 헤어질 수 있다는 사실! 그러니 서로 원망하지 않도록 똑똑하게 연애해요. 사랑은 저절로 잘하게 되는 게 아니에요. 사랑도 공부가 필요하답니다. 학교 성적은 별로여도 사랑 공부에서는 우등생이 돼 보자고요. 훨씬 재미있을 거예요.

5

외면하고 싶지만
알아야 하는 이야기

외면하고 싶지만 알아야 하는 이야기

요즘 TV를 틀면 심심찮게 10대와 관련된 사건 사고 소식이 들려와요. 성매매, 영아 유기(아기를 낳아 몰래 버리는 것을 말해요.), 영아 살해, 낙태, 성폭력 등 여러분과는 전혀 어울리지 않는 단어들이 점점 더 자주 등장하고 있어요. 아주 소수의 이야기일 뿐이라고 믿고 싶지만, 이미 여러분 사이에서도 이웃 학교의 누구, 우리 동네의 누구 이야기가 되어 버리고 말았어요.

이 장에서는 외면하고 싶지만 외면할 수 없는, 10대들의 성과 사랑의 어두운 단면을 이야기하려고 해요. 불행한 사건의 주인공이 된 10대 중에 작심하고 그런 일을 하는 친구는 아무도 없어요. 호기심에, 잘 몰라서, 당장 원하는 걸 얻고 싶은 단순한 마음에 일을 벌이고 떠밀려 간 거죠. 미성년은 무슨 짓을 해도 처벌받지 않는다는 잘못된 생각도 가지고 있는 듯해요.

이런 길을 가지 않기 위한 이야기, 이런 사건의 한가운데에 있는 10대들을 위한 이야기를 해 볼게요. 자신을 보호하고 주변 친구들을 도울 지혜를 얻었으면 좋겠어요. 잊지 마세요. 선택은 반드시 대가를 치러요. 그러나 새로운 선택을 할 기회도 항상 찾아오죠. 살아 있는 한은 우리에게 언제나 기회가 있음을 꼭 기억해요.

돈을 받고 성관계하는 게
왜 나빠요?

'원조교제'라는 단어를 들어 보았나요? 원래 일본에서 청소년이 성인과 만나 데이트를 하고 성관계를 하며 돈을 받는 일을 뜻했죠. 우리나라에서도 처음에는 이 말을 썼어요. 하지만 이젠 '청소년 성매매'라는 말을 사용해요.

돈을 받고 성관계를 한다는 것은 상대방이 내 몸을 성욕 해소의 도구로 쓴다는 말이에요. 돈을 내고 내 몸에다 마음대로 성행위를 할 기회를 사는 것이죠. 두 사람이 어떤 관계인지는 중요하지 않고, 내가 어떻게 느끼는지도 전혀 상관이 없어요. 자신의 욕구를 위해서 하는 일이니까요. 사랑이 있을 리가 만무하죠.

성매매는 사람을 인간이 아닌 도구로 전락시켜요. 성행위를 하게 해

주는, 살아 있는 인형이나 다름없는 거죠. 그런데 사람은 인형이 아니잖아요. 감정이 있고, 불쾌감을 느끼고, 친밀한 관계를 만들고 싶어 하고, 사랑을 누리고 싶어 해요. 이런 인간성을 무시한 채 사랑 없이 하는 성행위는 인간의 존엄성을 심각하게 파괴한답니다. 사랑의 가장 친밀한 표현인 섹스를 사람과 도구의 만남으로 전락시키니까요.

돈 때문에 자신을 팔아서는 안 돼요. 그건 스스로 자신의 가치를 버리고 자신을 사랑해 주는 사람들까지 상처 입히는 일이 돼요. 용돈을 벌기 위해 성매매를 하는 청소년들이 있다고 해요. 지금은 그 일이 쉽다고 여겨지나 봐요. 몸도 아프고 힘들 텐데 말이죠. 참으로 안타까워요.

생각해 봐요. 그 친구들도 언젠가 정말 사랑하는 사람을 만나면 성관계를 하지 않겠어요? 성매매를 하면서 한 성관계와 사랑하는 사람과의 성관계는 다를까요? 똑같은 섹스잖아요. 그래서 안타깝지만 자신에게 호감을 보이는 사람을 자신의 몸을 샀던 사람처럼 느끼는 후유증도 겪게 돼요. 사랑받을 능력이 손상되는 거죠. 설령 이런 혼란을 극복한다 해도, 내가 성을 팔았다는 사실을 사랑하는 사람이 알게 될 때 그가 얼마나 깊이 상처받을지 상상할 수 있겠어요?

성을 사는 상대조차 파는 쪽을 가치 없는 인간으로 취급해요. 스스로 자신의 가치를 팔아 도구가 된 인간이라고 여기죠. 그래서 함부로 다루고 욕구를 해소할 뿐이에요. 자신은 성매매를 하면서도 "몸을 파는 애들은 인간이 아니다."라고 말하는 어이없는 사람도 있죠.

성은 원래 팔 수 없는 거예요. 성을 팔았다고 해도 몸에서 떼어 내어 "그건 이제 내 성이 아니야."라고 할 수 있나요? 이미 판 성에 얽매이지 않고 자유롭게 살아지나요? 판다는 표현 뒤에는 성적 존엄성을 포기한 나와 상처받은 성이 남을 뿐이에요.

성은 나를 이루는 중요한 부분이에요. 나의 성이 존엄성을 잃는다면 나도 존엄성을 잃는 거예요. 그 존엄성을 지키는 사람은 바로 나 자신이고요. 돈 때문에 세상에서 단 하나밖에 없는 나의 성을 파는 것은 벼룩을 잡으려고 온 집을 불태우는 것과 마찬가지예요.

우리나라에서 성매매는 분명한 불법입니다. 더구나 청소년 성매매는 더욱 엄격한 처벌을 받아요. 처벌은 어른의 이야기일 뿐 아이는 미성년이니까 괜찮지 않느냐고요? 그렇지 않습니다. 이제 만 10세 이상의 청소년은 처벌을 받아요. 소년원행까지도 가능하답니다. 만 14세를 넘으면 형사처벌도 가능하죠. 성을 산 어른은 당연히 엄중한 처벌을 받고요. 이제는 신상 정보까지 공개하도록 법이 개정됐어요.

돈을 벌 수 있다며 같이 하자고 친구에게 권유하거나, 채팅이나 접촉할 방법을 가르쳐 주거나, 연락을 할 때 같이 있으면서 말리지 않고 도와주거나 해도 처벌을 받아요. 10대가 성매매를 할 때 많이 생기는 상황이죠. 더구나 협박하거나 강요해서 억지로 성매매를 하게 했다면 이건 훨씬 심각한 중죄예요. 그러니 '미성년이니까 괜찮아.'라는 안일한 생각은 마세요. 범죄를 저지른다는 건 엄청난 일이에요. 절대로 가볍게 보지 않았으면 해요.

성매매는 범죄이기 때문에 비밀스럽게 진행이 되죠. 그래서 무척 위험해요. 이미 얘기했듯이, 성을 사는 사람들은 성을 파는 사람을 가치 있게 여기지 않아요. 함부로 대해도 된다고 생각하고, 임신에 대한 염려를 하지도 않고, 자신이 성병을 옮길 수도 있다는 걸 알면서도 성관계를 하기도 해요. 에이즈 같은 심각한 병을 옮기려고 일부러 성관계하는 사레도 있답니다. 자신이 병에 걸리게 된 분노를 몸을 파는 이들에게 푸는 거죠.

그런 사람이 많지 않을 것 같나요? 그럼 어떤 사람이 성매매를 한다고 생각해요? 성매매를 하는 어른들은 대부분 그 일을 계속해 온 사람들이에요. 그래서 성병에 걸린 경우도 많고, 이상한 성적 도착이 있기도 해요. 안전하지 못한 성관계에 노출될 가능성이 무척 높은 거죠.

대부분 어리고 힘없는 아이들의 상대는 더 나이 많고 힘센 어른들이잖아요. 아이들을 폭행하거나 협박해서 돈을 갈취하는 사람도 있어요. 더 위험하게는 여러분을 속이거나 납치해서 성매매 업소에 팔아 버리는 일도 생길 수 있어요. 무서운 일이지만 지금도 우리나라에는 이런 방식으로 성매매를 하게 된 여성들이 많아요.

몰래 하는 일이기 때문에 이런 위험이 생겨도 보호해 주거나 구해 줄 사람이 없어요. 그만큼 사회적 안전망을 벗어나는 일은 위험한 거예요. 부디 부모님과 선생님이 여러분을 보호할 수 있도록 도와주세요. 때론 답답하고 속상하더라도 여러분을 사랑하는 사람들과 함께 있는 시간을 포기하지 마세요. 여러분의 삶은 더없이 소중하니까요.

성매매를 하면 돈을 벌 수 있다며 같이 해 보자고 권하는 친구들이 있다면, 그건 범죄라고 분명하게 말해 주세요. 권유한 쪽도 처벌받는다고 말이에요. 혹시 왕따나 협박 때문에 강제로 성매매를 할 위험에 처했다면, 무조건 어른들에게 알리세요. 괜찮아요. 그건 강요하는 아이들이 처벌받아야 할 일이에요. 그것도 협박과 폭행, 성매매 사주, 금품 갈취 같은 중죄랍니다. 보복을 당할까 봐 두렵나요? 부모님이나 1388로 연락하세요. 여러분을 안전하게 보호하고, 그런 친구들이 접근하지 못하게 도와줄 거예요. 절대로 그냥 당하지 마세요. 숨기고 있을 때가 훨씬 위험하다는 걸 꼭 기억해요.

혹시 용돈을 주겠다, 부탁할 일이 있다, 둘이서만 할 말이 있다며 비밀스레 접근하거나 인터넷 채팅으로 음란한 말을 하는 사람이 있나요? 경찰에 신고하겠다고 말하고 부모님께 알리세요. 모니터를 휴대폰 카메라로 찍어 둬도 좋아요. 절대 유혹에 넘어가지 마세요. 지금은 몇십 만 원이 큰돈으로 느껴지겠지만, 몇 년만 지나면 아르바이트만으로도 충분히 벌 수 있어요. 그 정도의 돈으로 유혹하려는 사람에게 내 삶을 맡겨서는 안 돼요.

명품으로 꾸미지 않아도 지금 여러분은 더없이 아름다워요. 열심히 사랑하고 미래를 꿈꾸고 새로운 세상을 배우는 것만으로도 바쁜 시기잖아요? 여러분은 날마다 눈부시게 자라고 있어요. 이 시기를 아름답게 지나고, 세상에 대한 건강한 관점을 배워 고귀한 자아상을 만들어야 해요. 그렇게 자신을 가꿀 때 훨씬 더 사랑스러운 존재가 될 거예요. 화려하게 치장하거나 돈을 뿌리지 않아도 인격의 향기와 자연스런 매력이 풍기는 멋진 사람이 될 거예요. 존재 자체만으로 빛나는 자랑스러운 미래를 살아요.

사랑한다면서 사랑하지 않는 것

얼마 전 서울고등법원에서 놀라운 판례가 나왔어요. 결혼해서 함께 사는 부부라 해도 원하지 않는 성관계를 하면 강간이라는 내용이었죠. 매일 같은 침대에서 잠들고 일어나는 부부라도 상대가 동의하지 않는 성관계를 하면 범죄라는 거예요. 깜짝 놀랐나요? 성관계는 그만큼 섬세하고 서로 존중하는 일이어야 하기 때문이에요. '항상' 두 사람이 '진심으로 동의하는' 상황이 아니라면 성적인 행동을 해서는 안 돼요. 아무리 사랑하는 사이여도 한쪽이 원하지 않는데 성행위를 하려 한다면 그건 성폭력이죠.

그런데 뜻밖에도 이 사실을 모르는 친구들이 많아요. 좋아한다고 했으니 성적인 행동을 해도 죄가 되지 않는다고 생각하죠. 그래서 상대방의 행동 때문에 상처를 받거나 불편해도 혼자 끙끙 앓고 어쩔 줄 몰라하는 경우가 많아요. 게다가 10대 친구들이 준비되지 않은 상태에서 하는 성 경험의 대부분이 데이트 성폭력이에요. 정말 슬픈 일이죠.

여러분은 사랑하는 사람을 때리거나 발로 차나요? 사랑하기 때문에 그렇게 해도 된다고 생각하면서 말이죠. 그럴 리가 없을 거예요. 사랑하는 사람은 더욱 소중히 대하고, 그 사람이 어떤 생각을 하는지, 뭘 해 주면 더 행복해할지 고민하게 되죠. 때리거나 상대방의 의견을 무시하고 내 마음대로 하는 건 절대로 사랑이 아니에요.

데이트 성폭력이 바로 그런 거예요. 사랑하기 때문에 성적인 접촉을 마음대로 해도 된다고 생각하는 건 사랑한다면서 때리는 것과 다를 바 없어요. 사랑은 철저하게 서로 존중해 주는 관계라고 얘기했죠? 이 존중이 깨어지면 사랑이 깨어지는 거예요. 사람이 아무리 좋아도 스킨십은 싫을 수 있어요. 두 사람이 모두 진심으로 서로 기뻐하지 않는 스킨십은 분명 성추행이고 범죄예요.

　사랑한다면서 사실은 사랑하지 않는 것. 이것이 바로 데이트 성폭력입니다. 사랑이 아닌 관계 속에 매이지 마세요. 혹시 그런 관계 속에 있게 되면 얼른 빠져나오세요. 나의 연애에 절대로 이런 일이 생기지 않도록 조심해야 해요.

　우리나라에는 이상한 연애 상식이 있어요. 여자들은 먼저 고백을 하면 안 된다거나 데이트할 때도 남자가 이끌어야 한다거나(남자라는 이유로 데이트 비용까지 책임져야 하는 이상한 나라죠. 이 땅의 소년 여러분, 힘내요.), 여자는 내숭을 떠느라 사실 좋으면서 싫다고 표현한다고 생각하는 거죠. 이런 생각 때문에 소년들은 스킨십을 할 때 여자의 거절을 무시하기 쉬워요. '사실은 좋으면서 싫은 척한다.', '남자는 좀 밀어붙여야 멋있게 보인다.'라고 생각하니까요. 관계를 망가뜨리기 싫어서 소극적으로 표현하는 소녀들의 거절을 사실은 좋아하는 것이라고 오해해요.

　이런 이상한 상식을 심어 준 주범이 바로 야동이에요. 여자들의 "싫어!"를 아무 의미 없는 감탄사 정도로 느끼게 하거든요. 상처를 주는 일이라고는 생각도 못 해요. 이런 오해 때문에 순수한 친구들이 자기도 모르게 데이트 성폭력의 가해자가 되는 것이랍니다.

　충격을 받았다면 미안해요. 하지만 분명히 알아야 할 사항이에요. 사랑하는 두 사람 사이에서 일어나는 일들이니 모두 개인적인 문제라고 생각하나요? 하지만 합의되지 않은 성관계는(때론 합의했다고 생각해도) 서로에게 깊은 상처로 남고 법적인 책임까지 가져온답니다.

청소년이 성관계를 하면
위법인가요?

　청소년이 성관계를 하면 법을 어기는 건 아닌지 궁금하지 않았나요? 더구나 그게 성폭력이라면 과연 '미성년'이라는 이유로 모든 게 용서될까요? 기본적으로 서로 정말 좋아해서 진심으로 동의한 성관계는 위법이 아니에요. 그러나 서로 사귀는 사이라고 해도 진심으로 동의하지 않았는데 스킨십이나 성관계를 했다면 그건 분명 성폭력이에요. 처음에 동의를 했더라도 중간에 싫어질 수 있어요. 그런 마음까지도 당연히 존중받아야 하죠. 더구나 피해자가 청소년이라면 더욱 엄중한 처벌을 받게 돼요.

　만일 성인과 청소년 사이에서 성관계가 있다면 성인은 책임을 면하기 어려워요. 교제한 것 자체가 문제가 되기도 하죠. 모든 성인은 청소년을 보호할 사회적 의무가 있거든요.(그러니까 여러분을 유혹해서 성매매를 하는 어른들은 정말 나쁜 사람인 거예요.) 대학생 오빠, 누나와 연애하고 싶다면 고등학교를 졸업할 때까지 조금만 기다려요. 상대를 위해서라도 말이죠.

　위력이나 위계로(속임수를 쓰거나 심리적 부담감 또는 겁을 준다는 뜻이에요.) 한 동의는 인정되지 않아요. '허락하지 않으면 헤어질 것 같아서', '화를 낼까 봐 무서워서', '책임진다고 약속하는 말을 해서' 같은 이유가 모두 이 경우에 해당해요. 만일 싫다고 했는데도 그걸 거부로 받아들이지 않고 부시했다면 강제 추행이나 강간이 돼요. 임신이라도 하게 되면 문제가 커지죠. 낙태를 할 경우 형법상 낙태죄까지 저지르게 되는 거니까요. 우리나라는 아주 제한된 상황, 이를 테면 유전적 이상, 정신적으

로 심각한 이상이 있거나 성폭력으로 인한 임신, 산모의 생명이 위험하거나 전염성 질환이 있는 경우, 법률상 혼인할 수 없는 친인척 간에 임신이 된 경우를 제외하고는 법적으로 낙태가 금지랍니다.

만 13세 미만의 청소년과 성관계를 하면 두 사람이 아무리 동의를 했다 하더라도 '미성년자 의제강간죄'가 돼요. 만 13세 미만은 아직 성행위에 대해서 충분히 판단할 만한 능력이 없다고 간주하기 때문이죠. 만일 한쪽이 나이가 더 많다면 나이 많은 쪽이 책임을 져야 한다는 사실도 알아야 해요. 이렇듯 성행위는 생각보다 훨씬 책임이 크고 신중해야 할 일이에요.

우리나라는 기본적으로 청소년이 간음(부부가 아닌 남녀가 갖는 성관계를 말해요.)이나 강간 사건에 노출되면 더 엄격하게 법을 적용합니다. '성폭력 범죄의 처벌 등에 관한 특례법'과 '아동·청소년의 성보호에 관한 법률'이 적용되기 때문이죠. 그래서 서로 동의했다고 믿고 성관계를 했는데, 나중에 법적인 문제에 휘말려 힘들고 혼란스러운 일을 겪는 사람도 많아요. 주위에 소문이 나고 경찰서와 법원에 불려 다녀야 하죠.

당사자가 고소하지 않으면 상관없는 것 아니냐고요? 보호자인 부모가 얼마든지 고소할 수 있고, 사건이 드러나면 본인이 고소하지 않아도 수사를 진행할 수 있어요. 이제 청소년 성범죄는 친고죄(피해자가 직접 고소해야 공소를 제기할 수 있는 죄)가 아니거든요. 아직 법적으로 자신을 완전히 책임지지 못하는 나이이기에 성행위에 더 많은 사람이 책임을 져야 하고 더 큰 영향이 따르는 거예요.

법의 제약이 생각보다 엄격하죠? 간혹 미성년이니까 성폭력을 저질러도 처벌받지 않는다고 생각하는 친구들이 있어요. 그렇지 않다는 걸 확실히 알아 두세요. 미성년자이기에 좀 가벼운 처벌을 받을 수는 있어도 그 죄가 없어지는 게 아니에요. 오랫동안 재판에 시달려야 하고, 부모님이 대신 큰돈을 물어 줘야(손해배상이나 벌금 등) 하는 등 심각한 대가를 치러야 한다는 사실도 알았으면 해요. 이 세상에 대가를 치르지 않는 범죄는 없어요.

사귀는 사이에도 서로 존중하지 않으면 언제든 데이트 성폭력이 돼요. 서로에게 상처가 될 뿐 아니라 법의 제재까지 받는 일이죠. 물론 처벌을 받고 그렇지 않고를 따지기 이전에, 상대를 소중하게 대하는 것은 연애의 기본 중의 기본이에요. 상대가 원하지 않는 일은 하지 않는 게 사랑의 절대 법칙임을 기억하세요.

데이트 성폭력에 소녀들만 피해자일까요? 아니에요. 소년들도 원하지 않는데 스킨십을 강요받거나 '남자가 이런 것도 못해?' 라는 식으로 협박당하기도 해요. 성추행이나 성폭행을 당하기도 하고요. 남자라서 자신이 피해자임을 알지 못하고 지나가는 경우도 많아요. 여자 친구가 갑자기 스킨십을 하거나, 남자는 당연히 좋아할 거라는 잘못된 생각으로 성적인 요구를 하면 남자도 불쾌하고 상처를 받아요. '남자는 늘 성적인 행동을 좋아한다.'는 인식도 매체가 심어 준 잘못된 환상이에요. 남자도 섬세한 마음이 있고, 준비된 상태에서 사랑하는 사람과 아름다운 스킨십을 하길 원한답니다.

성폭력 사건을 신고하면 무조건 남자가 가해자가 될 거라고 알고 있는 친구들도 있죠. 그렇지 않아요. 법은 성폭력의 피해자를 여성으로만 제한하지 않아요. 남성도 얼마든지 피해자가 될 수 있으니까요.

잊지 마세요. 남자든 여자든 내가 동의하지 않는데 상대가 강제로 몸을 만지거나 스킨십을 강요하면 그건 분명히 성폭력이에요. 남자는 무조건 성행위를 좋아해야 한다고 누가 정했어요? 과감히 싫다고 거절해요! 모든 소년 소녀에게는 그럴 권리가 있어요.

네 탓이
아니야

지금 이 책을 읽으면서 혹시 슬퍼진 친구들이 있나요? 혹시 이전에 했던 연애에서 데이트 성폭력을 겪은 적이 있을지도 몰라요. 아무에게도 말하지 못한 채 그 상처를 꼭꼭 숨겨 두고 있었나요? 여러분의 탓이 아니에요. 열심히 사랑했던 것뿐이잖아요. 아직 겪지는 않았지만 이런 일이 벌어질까 봐 겁이 나나요? 무엇이 데이트 성폭력인지 분명히 안다면 피할 수 있답니다.

　연애를 하다 보면 헤어질지도 모른다는 두려움을 느낄 때가 있어요. 사랑한다면 상대의 부탁을 들어줘야 한다고 생각하기도 하죠. 연애를 하면 당연히 진한 스킨십을 허락해야 하는 줄 알고 있는 친구도 있을 거예요. 사랑하는 관계이기 때문에 상대에게 최선을 다하고 싶은 마음인 거죠. 그러다 헤어지고 나면 다 내 잘못인 것만 같고 마음이 아플 수도 있어요. 알아요. 그만큼 여러분의 마음은 순수하고 진지하죠. 하지만 기억해요. 여러분 중 누군가 데이트 성폭력을 겪어야 했다면 그건 여러분이 잘못해서 그런 게 아니에요.

　내가 진심으로 동의하지 않는다면 상대가 스킨십을 해서는 안 돼요. 반대의 경우도 마찬가지고요. 내가 선택을 잘못해서 그런 상황이 되는 것 같나요? 죄책감과 수치심이 느껴진다면 진심으로 동의한 게 아니에요. 자기가 진심으로 원해서 한 일은 뒤에 좀 후회가 되더라도 깊은 수

치심이나 상처로 남지는 않으니까요. 그런 감정은 성폭력을 당한 사람들에게서 나타나는 반응이에요.

어느 정도로 동의하면 진짜 동의인 것 같나요? 아무런 부담 없이 싫다고 말할 수 있는 상황에서 "좋아."라고 말한 것만 진짜 동의예요. 상대가 화를 내거나 날 싫어하게 될까 봐, 허락하지 않으면 헤어질까 봐 하는 동의는 진짜 동의가 아니에요. 대답하지 못하고 침묵했다면 그것도 동의가 아니에요. 그건 소극적인 거절이죠. 보이지 않는 압력 때문에 동의하게 된 건 가짜 동의이고, 이런 동의는 성폭력을 정당화하지 못해요. 아무리 교제 중이고 그것이 성폭력인지 몰랐어도 말이죠.

아름다워야 할 사랑의 경험 속에서 상처받은 친구들이 많다는 사실이 안타까워요. 자신이 피해자인지도 모르고, 쉽게 말할 수도 없는 개인적인 일이기에 모두 마음속에 묻어 두고 있을 뿐이죠.

그런 일을 겪었다면 이제 자신을 용서해 주세요. 온 힘을 다해 사랑한 거잖아요. 그건 결코 잘못한 일이 아니에요. '내가 그때 그렇게 안 했으면 괜찮았을 텐데.'라는 생각은 이제 그만해요. 그 일은 두 사람의 미숙함과 강요로 만들어진 것이니까요. 먼저 자신을 용서해야 새로운 사랑을 할 힘이 생겨요. 그렇지 않으면 나도 모르게 파괴적인 연애를 반복하며 자신을 학대하거나 자포자기하게 될 뿐이에요. 예방 주사를 한 대 맞은 것이고, 이제야말로 더 똑똑하게 건강한 연애를 할 면역력이 생긴 거예요.

연애는 아름다운 기억이어야 하죠. 특히 사랑의 첫발을 떼는 사춘기 소년 소녀들의 연애는 더욱 아름다워야 해요. 순수하고 설레는 연애가 데이트 성폭력으로 얼룩져서는 안 되겠죠. 소년 소녀들은 아직 거절하는데 미숙하고, 어디까지가 사랑이고 어디부터가 폭력인지를 잘 구분하지 못해요. 그래서 아름다워야 할 10대의 연애가 데이트 성폭력에 노출되기 더 쉬워요. 그래서 선생님이 예방법을 알려 주고 싶어요.

첫째, 적극적으로 거절하세요. "싫다."고 말하는 건 나쁜 일이 아니에요. 한 사람이라도 원하지 않을 때에는 서로 강요하지 말자고 분명히 약속하고, 싫은 느낌이 들면 바로 거절해야 해요. '내가 원하지 않는데 스킨십을 하는 건 사랑이 아니라 성추행이다.'라는 사실을 분명히 기억해요. 성폭력의 기준은 '피해자가 거절했는데도 불구하고 억지로 했는가?' 예요. 어디서부터가 성폭력인지를 고민하지 마세요. 아무리 가벼운 뽀뽀라도 거절을 받아들이지 않고 억지로 한다면 그게 바로 성폭력입니다.

둘째, 사랑의 핵심은 존중이라는 사실을 잊지 마세요. 동의하지 않는데 밀어붙이거나 열정에 넘쳐 진도를 나가는 건 정열적인 사랑이 아니라 폭력입니다. 여러분이 본 야동이나 야한 순정만화 같은 매체는 그런 행동이 멋있고 저돌적인 사랑의 표현인 듯한 환상을 심어 줬어요. 하지만 그건 성폭력이에요. 두 사람이 진심으로 동의하지 않는 스킨십은 데이트 성폭력임을 함께 배우고 서로 존중하는 연습을 해 보세요.

마지막으로, 혹시 연애하면서 조금이라도 데이트 성폭력을 당하는 것 같다면 망설이지 말고 부모님께 얘기하세요. 혼날까 봐 걱정하지 않아도 돼요. 스킨십은 점점 수위가 높아지는 특성이 있어서, 그대로 있다가는 더 심각한 상황이 되는 걸 막기 어려워져요. 부모님은 두 사람에게 건강한 교제에 대한 올바른 정보를 줄 수도 있고, 상대가 나쁜 짓을 하지 못하게 하는 울타리가 되기도 하죠. 그래서 교제는 부모님께 알리고 하는 것이 훨씬 안전하답니다.

원해서 성폭력을 당하는 사람은 없어요

성폭력 사건의 피해자는 여성이 압도적으로 많아요. 그 이유는 여성이 상대적으로 힘이 약하고, 남성은 성욕을 참지 않아도 된다고 생각하는 잘못된 남성 중심의 성 문화가 있기 때문이에요. 그런데 성폭력 피해자들은 엄청난 상처를 받고도 또 다른 상처에 시달리곤 해요. 바로 편견과 순결 상실이라는 문제죠.

먼저 짚어 두자면, 남성이 성폭력의 피해자가 되지 않는 건 아니에요. 이런 경우 남성은 순결 상실감의 문제는 덜하지만, 성적 존엄성의 파괴라는 또 다른 차원의 문제를 겪어요. 성적 자신감을 상실하고, 남자면서 피해를 입었다는 사실에 엄청난 수치심을 느끼죠. 똑같이 폭력에 상처를 받았는데도 위로는커녕 '남자가 약해서'라는 식으로 도리어 문제가 있는 것 아니냐는 의심을 받기도 해요. 남성이 성을 주도해야 한다는 남성 중심의 성 문화가 남성에게도 큰 피해를 주고 있는 거죠. 그래서 남성 피해자들이 더 피해 사실을 말하기 어려워해요. 사회 분위기와 주변 사람들의 인식 때문에 이런 상처는 성폭력 자체보다 더 깊은 좌절을 안겨 줘요.

여러분은 성폭력을 당한 사람을 어떻게 생각하나요? 국회 자료를 보면 2006년부터 2008년 사이에 우리나라에서 발생한 아동·청소년 대상 성폭력 사건만 17,000여 건이라고 해요. 하루에 15건 이상이 발생한 거죠. 생각보다 훨씬 많죠? 안타깝게도 이런 사건은 꾸준히 늘고 있어요. 성폭력은 대부분 예기치 않은 사고로 일어나요. 이렇게 큰 아픔을 겪은 사람들을 우리는 어떻게 바라보아야 할까요? 과연 당한 사람이 잘못이며, 나와는 상관없는 소수의 이야기일 뿐일까요?

얼마 전 사회를 떠들썩하게 했던 ○○대 의대생들의 성추행 사건을 알고 있나요? 이 사건이 크게 알려진 후 피해자는 '여자가 잘못했다.'는 편견 때문에 극심한 고통을 겪어야 했어요. 우리나라에서는 성폭력 사건이 터지면 놀랍게도 "옷차림이 야했던 거 아니야?", "여자가 문란하게 하고 다녔을 거야."라는 말들이 나와요. 아동 성폭력 범죄를 저지른 사람들조차 "그 아이가 짧은 치마를 입고 저를 유혹했습니다. 그러니까 그건 그 아이의 잘못입니다."라고 말해요.

다음 부분을 읽기 전에, 먼저 빈칸을 채워 보세요.

답을 채워 보았나요? 그럼 아래의 문장도 만들어 보세요.

이번엔 이 문장도 한번 생각해 보세요.

답을 했나요? 그럼 다음 문장도 채워 보세요.

여러분은 뭐라고 대답했나요? 세 문장의 답이 비슷했나요? 아니면 많이 달랐나요? 혹시 여자는 남자를 유혹하고 싶어서 미니스커트를 입는다고 대답하거나, 남자가 약해서 성폭력을 당한다고 대답했다가 그다음 문장을 보고 흠칫 놀라지는 않았나요?

이 질문은 실제 인지행동 치료에서 쓰는 방법으로, 성폭력 피해자들을 향한 나의 인식이 어떤지를 여실히 보여 줘요. 이런 가치관은 남녀를 구분하지 않고 우리 안에 스며들어 와 다른 사람을 판단하는 기준이 되고 있어요.

여러분은 몸에 착 붙는 짧은 옷을 입고 나와 노래하는 걸 그룹이 성폭력을 당하고 싶어서 그렇게 입는다고 생각하나요? 그럴 리가 없죠! 단지 예쁘고 멋있게 보이기 위해서 입은 거예요. 그런데도 사람들은 성폭력 피해자들을 향해 이렇게 말해요. "네가 잘못했기 때문이야." 여러분의 생각은 어떤가요? 만일 내 가족이 이런 일을 당한다면 어떻게 말할 건가요?

분명히 알아 두면 좋겠어요. 원해서 성폭력을 당하는 사람은 아무도 없어요. 그건 말 그대로 '폭력'이지 '성관계'가 아니에요. 이 차이를 분명히 알아야 해요. 성은 서로 사랑하는 두 사람이 함께하고 싶을 때 기분 좋은 일이 되는 거예요. 한쪽이 일방적으로 성욕 해소를 위해 하는 건 상대의 몸과 마음에 심각한 폭력을 가하는 일이에요. 두 사람이 검도 대련을 하면 서로에게 좋은 운동이 되지만, 한쪽이 일방적으로 목검을 들고 때리면 폭력인 것과 똑같아요. 그걸 보며 두 사람이 대련을 했다고 말하지는 않잖아요?

'이 사람을 성폭행하고 싶다.'고 생각하는 사람이 있다면 그 사람의 가치관에 심각한 문제가 있는 거예요. 같이 술을 마셨다고 해서, 사귄다고 해서, 상대를 보고 성욕을 느꼈다고 해서 성폭력을 저질러도 되는 건 아니에요. 길을 가다가 차가 인도에 뛰어들어 사고를 당했는데 "네가 거기 있었기 때문에 이런 일을 당한 거니까 네 책임이야."라는 말을 듣는다면 기분이 어떨까요? 성폭력은 마치 교통사고처럼 예고 없이 찾아와요. 바로 내 친구의 이야기, 우리 가족의 이야기가 될 수도 있어요. 그러니 건강한 가치관이 꼭 필요해요. 그것으로 자신과 소중한 사람들을 보호해 주세요.

성폭력을 당하면 어떻게 해야 하나요?

혹시 이 사고가 나에게도 찾아온다면 어떻게 해야 할까요? 물론 그런 일은 없어야 하겠지만, 유비무환이라고 하잖아요. 가족과 친구들을 돕기 위해서라도 정확한 대처법을 알아보기로 해요.

우선 이런 일을 당하면, 설사 성폭력을 당한 것인지 확실하지 않더라도 혼자 있으면 안 돼요. 무조건 도움을 주는 곳에 제일 먼저 연락하세요. 내가 소개하는 곳은 여러분이 도움을 청했을 때 적극적으로 도와주는 전문 기관이에요. 앞에서 말한 1388에 전화해도 괜찮고, 129(해바라기 아동센터.

아동 · 청소년 성폭력 피해를 전문적으로 도와주는 곳이에요.)나 112(경찰서)에 연락하면 최대한 빨리 전문 상담 선생님이 달려와 줄 거예요.

10대 친구들은 어쩔 줄 몰라 친한 친구에게 가장 먼저 연락하는 경우가 많아요. 그러니 혹시 내 친구가 연락해 온다면 꼭 이곳으로 전화해 주세요. 친구가 상처받을까 봐 숨겨 주고 위로만 해 줘선 안 돼요. 성폭력 사건은 가족에게도 큰 혼란과 충격을 주기 때문에 가족들 역시 어떻게 해야 할지 모르는 경우가 많아요. 그러니까 일단은 전문 기관에 연락하는 게 가장 좋아요. 피해를 입은 친구는 엄청난 정신적, 신체적 상처를 입었어요. 최대한 빨리 적극적인 돌봄과 치료를 받아야 해요.

중요한 점은 절대로 샤워를 하거나 옷을 갈아입으면 안 된다는 사실입니다. 반드시 사건을 겪은 그 상태 그대로 바로 연락하세요. 그럼 상담 선생님이 와서 병원에 데려가 줄 거예요. 먼저 몸에 이상은 없는지

검사하고 치료를 받아야 해요. 성폭력은 일반적인 성관계보다 몸에 상처를 많이 남겨요. 나중에 후유증을 겪지 않으려면 빨리 치료해야 해요. 그 과정에서 가해자의 체모나 정액 같은 폭행 증거를 찾을 수 있습니다.

이런 증거는 나중에라도 가해자가 합당한 벌을 받도록 하고 싶을 때 결정적인 역할을 해요. 성폭력 피해자들은 너무 수치스럽고 빨리 잊고 싶어 처음에는 사건을 그냥 덮으려 하기도 합니다. 하지만 대부분 시간이 지날수록 가해자가 처벌을 받길 원한다고 해요. 사건 이후에도 심리적 고통과 두려움이 끝나지 않고, 어느 정도 객관적 판단력도 회복되기 때문이죠. 그러니 꼭 바로 병원으로 가서 증거를 확보하세요. 그렇지 않으면 나중에 처벌을 받게 하고 싶어도 어쩔 수 없는 상황이 돼요.

치료를 받고 진정이 되면 경찰서에 가야 해요. 힘든 일처럼 느껴지겠지만 전문가 선생님이 같이 있어 주니까 괜찮아요. 잘못을 추궁받거나 조사를 받으러 가는 게 아니에요. 기억이 희미해지기 전에 언제, 누구와, 어떤 일이 있었는지를 객관적인 문서로 남겨 두는 거예요. 당장 수사를 의뢰하지 않아도 돼요. 다른 사람에게 알리지도 않아요. 이렇게 경찰서에서 간단한 문서를 만들어 두면 증거도 되고, 피해자가 원하면 언제든 경찰이 가해자를 잡을 수 있어요. 마음이 진정되고 가해자가 더는 나쁜 짓을 못 하게 하고 싶을 때 바로 고소를 하면 되는 거죠.

성폭력이라 하면 주로 어두운 길을 혼자 가다가 낯선 사람이 나타나 갑자기 당하는 거라고 생각하죠? 그런데 성폭력의 대부분이 아는 사람에 의해서 일어난다고 합니다.(성폭력 상담소 통계를 보면 전체의 83퍼센트라고 해요. 엄청나죠.) 놀랍게도 밝은 대낮에, 익숙한 장소에서 예기치 않게 당하는 경우가 많아요. 그 사람이 날 보호해 주던 양아버지나, 친척, 친구, 동네 아저씨일 수 있어요. 가해자들은 사실이 밝혀질 경우 어떤 일이 생길지 언급하며 협박하죠. 그래서 10대인 여러분은 신고하면 더 큰 일을 당할까 무서워서 아무에게도 말하지 못하게 됩니다.

보호받지 못할까 봐 무서워하지 않아도 돼요. 걱정 말고 바로 전문 기관에 전화하세요. 가해자가 여러분을 양육할 권리가 있는 사람이라 해도 성폭력 가해자라면 바로 친권이 박탈돼요. 여러분을 보호하는 것이 최우선이기 때문에 그 사람이 위해를 가하거나 가까이 살 수 없어요. 보호해 줄 사람이 없으면 안전하게 보호받으며 지낼 곳도 마련되니까 걱정하지 마요. 아무에게도 말하지 못하고 있는 게 훨씬 위험하답니다. 성폭력을 저지르는 사람은 피해자가 가만히 있으면 반복적으로 폭력을 행사해요. 더 심한 피해를 당하지 않도록 빨리 도움을 받아야 해요.

이렇게 전문 기관에 연락하면 심리 상담과 병원 치료를 무료로 받을 수 있어요. 국가가 피해자의 모든 치료비를 대고 필요하면 법률 지원도 해 줘요. 또 이 모든 일은 비밀을 보장하면서 진행돼요. 알려질까 봐 두려워 신고하지 못하는 경우가 많은데, 성폭력 사건은 신고하거나 기관의 도움을 받는 것 때문에 알려지기보다는 아이들 사이에 빠르게 퍼지는 소문으로 알려져요. 도움을 받지 않으면 시간이 흐를수록 소문이 퍼져 더 큰 피해를 입게 돼요. 이렇듯 성폭력은 그냥 폭력보다 훨씬 큰 상처를 입기 때문에 더욱더 지속적인 상담과 도움이 필요합니다. 이전에 당한 일이더라도 괜찮아요. 지금이라도 연락을 하면 도움을 받을 수 있어요.

절대로 혼자 앓고 있어서는 안 돼요. 혼자서 극복하기에는 너무 크고 깊은 상처니까요. 지워 버리고 싶지만 그냥 지워지지도 않아요. 나도 어릴 때 강제 추행 피해를 당한 적이 있어요. 그걸 혼자 안고 있는 동안에는 아무리 시간이 흘러도 잊히지 않았고, 상대방을 저주하고 모든 남자를 불신하게 되었어요. 오랜 시간이 지난 후 한참을 고민한 끝에 상담 선생님에게 그 얘기를 했답니다. 정말 쉽지 않았죠. 이미 성인이 됐는데도 여전히 벅찬 일처럼 느껴졌고 수치스러웠거든요. 처음으로 다른 사람의 시선으로 그 사건을 보고 진심 어린 위로를 받자, 비로소 내가 눌렸던 무게만큼 끔찍한 일은 아니었음을 알게 되었어요. 그래도 어린 내가 감당하기는 무척 어려운 일이었다는 것을 인정하게 되었죠. 내 마음을 환하게 드러내자 차츰 나 자신을 이해하고 사랑할 수 있었고, 자책과 수치심에서도 조금씩 자유로워졌어요. 비로소 그 사건은 넘어설 수 있는 과거의 기억으로 작아져 갔죠.

생각보다 훨씬 많은 사람들이 한 번 이상 성폭력 피해를 당해요.(우리나라는 성폭력 범죄 발생률이 세계 3위인 나라예요.) 나만의 아픔이 아니랍니다. 절대 혼자 앓지 마세요. 아프지만 분명 넘어설 수 있는 일이에요. 손을 뻗으세요. 도움의 손길이 바로 가까이에 있어요. 용기를 내요. 그리고 내 친구가 이런 일을 겪는다면 꼭 손을 내밀어 주세요.

세상에서 가장 소중한
나에게

성폭력 피해자의 대부분이 겪는 순결 상실감은 사실 우리 사회의 모순 때문에 생긴 문제예요. 성 문화는 급격히 개방되는데도 여전히 여성에게 순결을 강조하고, 그걸 잃으면 여성으로서 가치를 잃은 것처럼 느끼게 하죠. 자기는 마음껏 성관계를 즐기면서, 결혼할 여성은 순결해야 한다고 말하는 이중적인 남성이 있는 것도 바로 이런 모순 때문이에요. 자기가 순결을 추구하지 않는다면 상대에게도 순결을 요구해선 안 돼요. 여성의 성과 남성의 성이 뭐가 다른가요? 두 성이 다르다는 생각이 바로 오랫동안 우리나라를 지배해 온 잘못된 가치관이에요.

이미 성 경험이 있는 여성도 성폭력을 당하면 순결 상실감을 느껴요. 연인이나 배우자가 알게 될까봐 두려워하죠. 아직도 '성폭력'과 '성행위'를 구분하지 못하는 사람들이 많기 때문이에요. 팔이 부러졌다고 자기가 더럽혀졌다고 생각하는 사람이 있나요? 이미 얘기했듯이 순결은 그런 개념이 아닌데도 잘못된 가치관으로 마음대로 남을 저울질하는 사람들이 많아요. 이런 편견이 주는 상처는 매우 깊어서 피해자가 자포자기하게 만들기도 해요. 이 상처를 극복하려면 오랜 상담이 필요하죠.

이런 잘못된 순결주의는 발로 차 버려요! 성폭력으로 잃어버리는 순결은 애초에 존재하지도 않아요. 순결은 내가 스스로 결정하고 지켜 가는 적극적인 활동이지, 어떤 일을 당해서 잃어버리는 수동적인 것이 아니에요. 그리고 성폭력은 그 자체로 너무나 큰 폭력이고 자신과 가까운 사람들에게 깊은 상처를 주기 때문에 안 되는 거지, 순결을 잃기 때문에 당하면 안 되는 게 아니에요. 여러분도 혹시 이렇게 생각하고 있지는 않았나요? 그렇다면 다시 생각하기 바라요. 그런 생각이 주위 사람과 자신까지 옭아매니까요.

순결 서약식을 하는 곳은 주로 기독교 단체예요.(일부 불건전한 단체도 있으니 조심해요.) 그들이 믿는 성경에 순결을 지키라고 가르치고 있기 때문이에요. 그런데 알고 있나요? 성경에서조차도 성폭력을 당한 여성은 순결한 처녀와 같이 대하도록 정하고 있어요. 여러분이 짜증을 낼 만큼 순결을 외치는 곳에서조차 성폭력을 당한 여성이 순결을 잃었다고 말하지 않는다고요.

건강한 순결의 개념, 성의 개념을 갖길 바라요. 오늘도 수많은 아이들이 성폭력 사건을 겪어요. 바로 내 이웃의 이야기, 내 친구들의 이야기예요. 나와는 상관없다고 막연히 생각하지 않았으면 좋겠어요. 성폭력은 절대로 한 인간의 소중한 가치를 무너뜨릴 수 없어요. 여러분이 이런 건강한 가치관을 가지기 시작하면 우리 사회는 점점 달라질 거예요.

하지만 안타깝게도 성폭력을 예방하기는 참 어려워요. 마치 교통사고처럼 나의 노력과는 무관하게 일어나는 경우가 많죠. 사회적인 차원에서 함께 보호하고 예방해야 해요. 개개인의 의식부터 달라져야 예방이 되는 범죄입니다. 절대로 성폭력을 당한 피해자에게 문제가 있는 게 아니에요. 청소년 성폭력은 주위의 어른들이 보호해 주지 못한 경우가 많아요. 부모님이 모두 맞벌이를 해서 집을 비우고 아이들끼리만 방치된 때도 있죠. 물론 아무리 예방하려고 노력해도 일어날 수 있어요. 말 그대로 가해자의 마음에 달린 범죄이니까요.

그래도 세상에서 가장 소중한 나를 보호하는 노력은 해야 돼요. 먼저 평소에 혼자 다니지 마세요. 반드시 두셋 이상의 친구들과 함께 있는 것이 좋아요. 그리고 잘 아는 사람이더라도 밀폐된 공간에 따라가거나 부모님께 알리지 않고 놀러 가면 안 돼요. 그 사람이 갑자기 큰일이 생겨 부모님이 데려오라고 했다고 말하면, 반드시 부모님께 먼저 전화를 걸어 확인해 보세요. 그리고 아무리 잘 아는 사람이라도 혼자 있을 때 찾아와

집에 들어오겠다고 하면 바로 부모님께 전화하고 정중히 거절하세요.

데이트 성폭력과 마찬가지로 평소에 확실하게 거부하는 연습을 하는 게 좋아요. 조금이라도 불쾌하거나 이상한 느낌이 들면 참지 말고 자리를 떠나세요. 강제로 붙잡거나(특히 버스나 지하철에서 성추행을 당하거나) 하면 큰 소리로 거절해 주위에 알려야 해요. 주변에 아무도 없을 때 아프거나 힘들다며 물건을 들어 달라거나 도와달라고 부탁하면 도와줄 사람을 불러오겠다고 하세요. 절대 혼자 도와주면 안 돼요. 항상 행선지를 가족에게 알리고 귀가 시간 약속을 해요. 마지막으로 휴대폰에 비상 문자나 비상 연락 기능을 등록하고 받는 대상에게도 미리 얘기해 두세요. 스마트폰을 쓴다면 앱을 설치해도 좋아요.

성폭력 가해자들 대부분이 전혀 그럴 것 같지 않은 선량하고 친숙한 인상을 줍니다. 선생님이 아는 사례 중에도 잘 아는 친척이나 오빠에게 어느 날 갑자기 성폭력을 당한 친구들이 많아요. 안타깝지만 사람의 마음은 눈에 보이지 않기 때문이죠. 특히 착하고 거절을 잘 못하는 친구들이 피해자가 되기 쉬워요. 성폭력을 휘두르는 사람들은 그런 연약하고 순진한 대상을 찾거든요. 매정해 보여도 분명히 선을 긋고 거절하는 것이 자신을 보호하는 가장 지혜로운 방법이에요.

세상에서 가장 소중한 나는 누구도 함부로 대할 수 없어요. 그런 일은 절대 허락하지 마요. 당당하게 자신을 주장하고, 언제든 주변에 적극 도움을 요청하는 지혜를 가지세요.

어떤 일도 여러분의 삶을
망칠 수는 없어요

내가 만난 한 소년이 있어요. 동네 패싸움에는 꼭 끼어 있고, 심심하면 오토바이를 훔쳐 타고, 가게 유리창을 깨어 도둑질을 하고, 가출해서 여자아이들과 같이 먹고 자며 생활하기도 했던 소위 '잘 나가는 아이'. 아직도 그 아이와의 상담 시간이 생생하게 기억나요.

알코올중독자인 아버지가 늘 입에 달고 살던, "너 때문에 엄마가 집을 나가고 우리가 불행하게 됐다."라는 말. 그동안 그 말을 믿고 있었다고 털어놓으며 눈물을 흘리던 날, 소년은 '나쁜 아이'인 자신을 벌주기 위해 자기도 모르게 거칠게 살아왔음을 비로소 깨달았어요. 태어나서 처음으로 자신의 마음을 깨닫고 울고 있는 그 아이를 나는 꼭 안아 주고 싶었어요. "아니야, 넌 행복해져도 돼. 아니, 꼭 행복해져야 해."라고 몇 번이라도 다시 말해 주고 싶었지요. 나는 그 아이를 참 좋아했답니다.

어릴 때 친척에게 성추행을 당한 기억 때문에 평생 결혼하지 않으리라 결심한, 마음도 얼굴도 예쁘던 소녀도 기억에 남아요. 그 아이가 미래의 남편이 용서해 주지 않을 거라며 눈물을 펑펑 쏟던 날은 나도 너무 화가 나서 가해자를 찾아가 따귀라도 때려 주고 싶었어요. 오랫동안 아무에게도 말하지 못하고 매일의 삶을 지옥으로 만들었던 그 기억에 나도 같이 눈물이 핑 돌았어요.

하지만 여러분, 잊지 마세요. 그 무엇도 여러분의 삶을 망치지 못해요.

열심히 사랑하고 살아가다가 혹시 무슨 일을 겪는다 해도, 누군가 여러분에게 큰 상처를 주고 저주의 말을 한다 해도, 그런 일이 여러분의 삶을 망칠 수 없어요. 달리기를 하다가 무릎이 까졌어도 나는 여전히 나인 것처럼, 여러분은 여전히 아름다워요. 아무도 그 가치를 빼앗을 수 없어요.

상담을 통해 만난 소년 소녀들은 무척 예쁘게 보였어요. 여전히 순수하고 착한 마음을 가진 친구들은 어느 한 곳도 더러워 보이거나 망가지지 않았어요. 따뜻한 심장을 가진 푸른 10대였을 뿐이죠.

아픔을 애써 경험할 필요는 없지만, 혹시 그 아픔이 날 찾아왔다 해도 좌절하지 말아요. 이제 더 자랄 시간인 거예요. 고민한 만큼 더 많은 사람을 이해하고 포용할 실력도 생길 거예요. 그만큼 더 지혜롭고 깊은 삶의 태도도 갖게 될 거고요.

6

나는 성적인
존재야!

나는 성적인 존재야!

지금까지 성과 사랑의 여러 모습을 살펴보면서 어떤 생각이 들었나요? '생각보다 복잡하구나.' 혹은 '생각보다 더 중요하네!'라고 느꼈나요? 맞아요. 성은 단순히 남자와 여자의 차이라고 볼 수도 있지만, 내가 남과 다른 독특한 존재임을 깨닫는 정체성의 중요한 기초이기도 해요. 그리고 사랑은 다른 사람과 관계 맺는 방법을 배우는 중요한 토대죠. 첫사랑에는 자신과 타인에 대한 최초의 깊은 고민이 담겨 있어요. 사랑을 해 보기 전에는 이만큼 누군가를 소중히 여기는 마음을 경험하기 어렵죠. 그래서 사랑을 잘 가꿔 가는 사람은 다른 관계에서도 남을 존중할 줄 알아요. 둘 다 상대를 어떻게 바라보고 대하는가에서 출발하기 때문이에요.

천진한 어린 시절이 좋아서 사춘기가 성가시게 느껴지나요? 그래요, 쉽지 않죠. 조절하기가 어렵고 변화도 너무 빨라 적응이 안 되니까요. 그래도 축하해요. 여러분은 지금 자신을 바라보는 자아상과 다른 이를 바라보는 사회성, 세상을 바라보는 세계관을 완성해 가고 있어요.

내가 성적인 존재임을 인정하는 일은 정말 중요해요. 지금 내가 겪는 사소한 변화는 훨씬 큰 세상을 품에 안는 변화랍니다! 그러니 이제 마지막으로 선생님과 함께 생각해 봐요. 사춘기가 오면서 새롭게 발견한 나의 성, 이 또 다른 나와의 참다운 만남에 대해서요.

내가 동성을 좋아하는 것 같은데,
어쩌죠?

'내가 동성애자가 아닐까?'라고 고민하는 사춘기 친구들이 은근히 많아요. 동성 친구를 무척 좋아해서 우정인지 사랑인지 구분을 못 하거나, 자기가 상대적으로 덜 남성적(여성적)이어서 고민하는 친구도 있죠. 걱정하지 마요. 자연스러운 과정을 지나고 있는 것이랍니다.

인간은 원래 양성성을 가지고 있어요. 여성도 남성호르몬을, 남성도 여성호르몬을 가지고 있죠. 양이 많은 성호르몬의 특징이 뚜렷하게 드러나는 것 뿐이에요. 남자라고 해서 여성성이 있으면 안 되거나, 여자가 남성적이면 안 되는 건 아니죠. 실제로 인간의 호르몬 양은 계속 변해요. 50세 전후가 되면 남성도 여성도 주도적인 성호르몬의 양이 줄어들기 때문에 중년 남성은 다소 여성스러워지고 중년 여성은 남성적이 되기도 해요.

동성끼리 있어도 인간은 무의식적으로 양성성을 찾고 조화를 이루려고 해요. 여학교에서 남성적인 소녀가 아이돌 같은 인기를 누리거나, 남학교에서 다소 여성스러운 소년이 놀림을 받는 것도 이 때문이죠. 같은 성 안에서도 이런 차이가 있는 이유는 사람마다 호르몬의 비율이 조금씩 다르기 때문입니다. 남보다 여성성이 좀 더 많은 소년도 있고, 남성성이 더 많은 소녀도 있는 거죠.

취향이나 외모가 조금 다르다고 해서 동성애 성향이 있다는 뜻은 아니에요. 양성성이 높은 거죠. '알파걸'(여성이면서 공부, 대인관계는 물론이고 지도력이나 도전 정신 등 모든 면에서 남성보다 두드러진 소녀를 말해요.)이 양성

성을 갖춘 대표적인 유형이에요. 현대에 들어서는 양성적인 사람이 더 우수한 평가를 받아요. EQ 지수(Emotional Quotient의 약자. 감성 지수를 뜻해요.)나 창의성도 양성성이 높을수록 더 높은 경우가 많고요.

사춘기에는 두 성호르몬의 양이 폭발적으로 늘어나요. 그래서 내 안의 여성성(남성성)이 친구의 남성성(여성성)에 끌림을 느끼기도 하죠. 활발한 호르몬 때문에 다양한 대상에게 매력을 느끼는 거예요. 동성에게 매력을 느꼈다고 해서 내가 동성애자인 건 결코 아니랍니다. 그걸 결정하기에는 아직 많은 시간이 필요해요. 오히려 이런 다양한 호감을 느껴 보는 건 정상적인 발달 과정이랍니다.

10대는 아직 성 정체성이 확립되어 있지 않은 시기예요. 도리어 활발한 성호르몬이 나오면서 자신과 친구들 안에 있는 양성성을 충분히 느껴 보게 되죠. 내 안의 님싱싱(여성성)이 다른 사람 안에 있는 어싱성(남성성)을 확인해 보는 거예요. 그래서 호감이 생기기도 하고, 여자인데도 남자의 마음이 느껴지는 것 같기도 해요. 아직 성 정체성이 충분히 분화되지 않았기 때문이에요. 남성은 어떤 건지, 여성은 어떤 건지 느껴 보고 경험하면서 점점 '나는 남자구나.' 혹은 '나는 여자구나.' 알아 가게 된답니다. 타고난 정체성을 확인하고 완성해 가는 과정인 거예요.

이 과정에서 우리는 자신을 더 폭넓게 이해하고 사랑하며, 이성을 이해할 힘도 얻게 돼요. '친구'와 '연인'을 좋아하고 사랑할 실력을 만드는 중요한 과정이죠. 성별과 상관없이 인간을 통합적으로 이해하고 수용하는 마음도 이 과정에서 생겨요. 자유롭게 양성성을 느껴 본다는 건 생각보다 훨씬 중요하다는 걸 알겠죠?

그러니 섣불리 자신을 동성애자라고 단정 짓는 건 좋지 않아요. 단지 과정을 거치고 있는 것이니까요. 실제로 연구를 해 봐도 전 세계적으로 완전한 동성애자는 남성은 4~5퍼센트, 여성은 2~3퍼센트에 불과해요. 신기하게도 어느 나라든 비율이 거의 비슷하답니다. 10대에 '내가 동성애자가 아닐까?'라고 생각하는 건 너무 앞서 간 고민이에요. 지금은 아무것도 규정되어 있지 않아요. 최소한 10년이 지난 후에도 정말 그런 것 같다면 그때 고민해도 늦지 않아요. 대부분 시간이 지나면서 자연스럽게 더 건강한 성적 정체성으로 통합된답니다.

성 정체성이란
양성을 이해하는 것

성 정체성이란 단순히 남성성이나 여성성만 발달시키는 게 아니에요. 진정한 성 정체성이란 양성을 모두 이해하는 것이랍니다. 소년들은 여

성성을 충분히 이해함으로써 '난 남자니까 이런 점이 다르구나.'라고 알
게 되고, 소녀들은 남성성을 충분히 이해한 후 '난 여자라 이런 점이 다
르구나.'라고 배우게 되죠. 남성과 여성의 차이점을 구체적으로 알수록,
조금 어려운 말로 '분화'가 잘 이루어질수록 성 정체성은 더 건강하고
확실하게 확립돼요. 이건 단순히 지식만 쌓는다고 알게 되는 게 아니에
요. 다양한 체험과 생각이 필요하답니다.

　이렇게 성 정체성이 명확한 사람은 양성성도 편안하게 받아들이고 성
역할에 대해서도 훨씬 유연해지죠. 성 역할은 사회에서 보편적으로 성
별에 따라 적합하다고 생각하는 일을 말해요. 예를 들어 자수를 놓는 건
여성이 하는 일이고, 축구는 남성이 하는 것이라는 인식 같은 거예요.
여러분이 성 정체성을 익히는 데도 많은 영향을 미치고, 사회적으로 결
정되어 바뀌지 않는 질서라고 느껴지지만 사실은 문화와 시대에 따라
계속 달라져 왔어요. 나는 성 역할이 유연한 사람이 더 건강한 사람이라
고 생각해요.

　성 역할에 유연해진다는 건 나와 다른 성을 잘 이해하고, 성 역할이

자신의 성 정체성을 결정하지 않는다는 사실을 아는 거예요. 그러니 남자답지 못하다는 이유로 요리나 집안일을 멀리하거나, 여성스러운 취미를 가진 친구를 비웃지 않아도 자신이 훌륭한 남자임을 넉넉하게 알죠. 여성도 마찬가지예요. 상대의 성을 존중하고 배려할 실력이 생겨요. 자신 안에 있는 양성성을 사용해서 친밀감도 쌓을 줄 알죠. 상대의 성 정체성을 공감할 줄 알면 이성 간에도 풍성한 관계를 맺을 수 있답니다.

나를 있는 그대로 사랑하는 것, 나와 상대의 성을 긍정적으로 이해하고 잘 받아들인다는 것은 이렇게나 중요한 일이에요. 단순히 성적 호기심과 욕구 해소, 이성 간 끌림의 문제로만 보았던 사춘기의 성 문제는 실은 진정으로 나 자신을 통합하고 상대를 이해하는 일이랍니다.

성에 대한 바른 인식이 왜 중요하죠?

성을 은밀하고 수치스러운 것이라 여기고 남 앞에서 쉬쉬하는 전통적 가치관은 오래전부터 우리나라의 체면 문화를 타고 사회 깊숙이 뿌리내렸어요. 남존여비(남자는 높고 귀하며, 여자는 낮고 천하다는 뜻의 말이에요.) 사상이 짙었던 유교의 영향은 처녀막에 대한 환상과 여성의 정조만을 강조하는 잘못된 순결 관념을 만들었죠. '남녀칠세부동석(유교의 옛 가르침으로 일곱 살부터는 남녀가 한자리에 같이 앉지 아니한다는 뜻이에요.)' 같은 말이 신기할 정도로 우리의 가치관에 스며들어 있어서 어딜 가든 남자는 남자끼리, 여자는 여자끼리 무리를 만들어요.

이렇게 오랫동안 억압되어 있던 우리나라에도 성의 자유를 외치는 개방적인 성 문화가 상륙했어요. 하지만 자유라는 핑계 속에 급속한 성 상품화, 음란물의 대중화라는 부작용이 있는 것도 사실이에요. 진정한 성의 자유는 '선택과 책임'이라는 명확한 개인주의적 가치관 위에 서 있어요. 나의 권리만큼 상대의 권리를 존중하면서 자신이 책임져야 할 결과를 분명히 인식하고 선택하는 거죠. 하지만 아직도 '너와 나'보다는 '우리'를 강조하는 이 사회에서 성의 자유는 제대로 된 선택과 책임 없이 함부로 소비되는 쾌락적인 성의 다른 이름이 되기도 해요.

성에 대한 여러 가치관들 속에 10대 여러분이 서 있어요. 어느 쪽을 따라야 하는지, 정말로 균형 잡힌 가치관은 무엇인지 혼란스럽죠. 한쪽은 무조건 '하지 마라.'고만 하고, 다른 한쪽은 '마음껏 즐겨도 된다.'라고 하는 것 같아요. 그래서 여러분은 야동을 보고 비밀스러운 연애 얘기를 하지만, 그걸 들키면 안 된다고 느껴요. 여전히 순결에 대한 혼란이 있고, 사랑과 헌신은 쏙 빠져 버린 음란물과 성 상품들을 보며 성은 더럽다고 생각할 수도 있죠.

성이 더럽다고 느껴진다면 그건 진정한 통합을 이루지 못했기 때문이에요. 성은 더럽지 않아요. 도리어 인간 안에 있는 가장 신비스러운 부분이에요. 남자와 여자의 몸이 각각 다르게 만들어져 있고, 그것이 만나서 하나가 된다는 사실이 정말 놀랍지 않나요? 사춘기가 되면 소년은 소녀의 몸에 대한 신비감을, 소녀는 소년의 몸에 대한 신비감을 느껴요. 이런 마음은 지극히 자연스러운 과정이죠. 나와 다른 대상에 대한 신비감과 경외감은 우리 안에 있는 아름다운 본능이랍니다. 이런 마음이 남성과 여성의 몸을 다룬 훌륭한 예술품들을 만들어 내기도 했어요.

남성과 여성이 성행위를 통해 하나가 되는 것이 좋아 보이고, '나도 해 보고 싶다.'라거나 '성관계는 어떤 느낌일까? 어떻게 하는 걸까?'라는 호기심이 생기는 것은 아주 자연스러운 일이에요. 서로 마음을 나누고 친하게 지내는 것을 넘어서서 느끼는, 몸을 합하고 싶을 만큼 강한 끌림은 신비감과 사랑이 만들어 내는 기적이죠.

인간이 경험하는 만남 중에 가장 친밀한 만남인 성관계는 신기하게도 특별한 사람하고만 맺고 싶어 하죠. 좋아하는 친구나 아끼는 사람이 아무리 많아도 굳이 성관계를 하고 싶지는 않아요. 그래서 남녀 친구들 사이에도 "이성으로 안 보인다."는 얘기를 하잖아요? 우리는 일반적으로 이성으로 끌리는 특별한 사람, 나의 온 관심과 애정이 기울여지는 사람에게 '성관계하고 싶다.'고 느껴요. 그리고 그렇게 맺어지는 관계는 얼마나 기분 좋을까를 상상하죠.

특별한 이성과 맺고 싶은 이 관계가 대단히 중요하고, 흥미롭고, 기분 좋은 일이라는 사실은 누가 가르쳐 주지 않아도 알게 돼요. 그래서 성적으로 발달하는 사춘기가 되면 누구나 성행위에 관한 관심이 생기는 것이고요. 어떻게 하는 건지 구체적으로 알고 싶고, 잘하고 싶어요. 그러나 처음부터 야동처럼 성욕 해소만이 목적인 성행위를 보면 대부분의 친구들은 충격을 받아요. 그리고 계속 보다 보면 어느새 성은 쾌락적이지만 저급하고 더러운 것처럼 느껴질 수 있어요.

인간은 정신적인 존재이기 때문에 서로 사랑하고 허락하는 마음과 성관계에 대한 의미 부여가 없으면 관계가 제대로 이루어지지 않았다고 느껴요. 이렇게 정신적인 교감이 빠져 있는 섹스는 '관계'가 아닌 욕구를 충족시키려는 '행위'로만 보이죠. 그래서 가장 친밀하고 깊은 만남인 성

관계가 어느새 본질을 잃고 배설 행위처럼 더럽게 느껴지는 거예요.

우리 안에 있는 성적 본능은 원래 아름다워요. 결코 수치스러운 것도, 잘못된 것도 아니에요. 다만 성이 친밀함과 관계성 안에 있을 때에만 나와 아름답게 통합될 수 있죠. 성은 단순한 욕구에 불과한 것이 아니니까요. 사랑한다는 말은 그 상대를 성적으로도 사랑한다는 의미예요. 성은 사랑과 가장 가까이 있는 신비이고, 생명을 만들어 내는 가장 놀라운 모습임을 기억해요.

웬만한 여학교 앞에는 단골처럼 출몰하는 바바리맨이 있죠. 유머 소재로도 자주 사용되어 우습게 느껴지기도 하지만, 사실 소녀들에게는 공포의 대상이에요. 바바리맨은 성도착증의 일종인 노출증 환자에 속해요. 여성 앞에 나타나 자신의 몸과 성기를 보여 주며 쾌감을 얻는 변태 성욕자죠. 이들은 자신이 피해를 줬다는 자각이 없어요. 상대가 자기 몸을 보면서 기분 좋아한다고 생각하기도 해요. 소녀들에게 큰 충격과 상처가 된다는 건 모르죠. 바바리맨은 분명 환자지만, 뜻밖에도 정상적으로 직장에 다니고 가정생활을 하는 사람이 많아요. 여러분 또래의 딸이 있는 사람도 있고요. 충격인가요? 아내가 있고 딸도 있으면서 그런 짓을 하다니, 도무지 이해가 가지 않죠? 이런 일이 가능한 이유는 자신의 성을 인격과 통합하는 데 실패했기 때문이에요.

엄격한 전통적 성 문화와 상업적 성 문화의 괴리 속에서 성을 수치스럽게 여기고 건강하게 받아들이지 못하면, 성욕을 차츰 음성적인 방법으로 해소하게 돼요. 성욕은 억압한다고 해서 없어지는 게 아니니까요. 건강하게 해소해 주지 못하기 때문에 더 이상한 방식으로 배출하게 되죠. 그래서 사회가 엄격할수록 오히려 음성적인 성 문화가 발전하는 것이랍니다. 한편으로는 엄격한 사회에 맞는 모범적인 사람의 모습으로 살지만 다른 한편으로는 성매매를 하거나 음란물에 중독되어 있기도 하고, 심하면 성도착증 같은 아무도 모르는 모습을 갖고 있죠. 성이 수치스럽고 저급한 숨겨진 얼굴이 된 거예요. 진정한 자신을 잃어버린 채 두 얼굴의 삶을 살게 된 사람, 그들 중 하나가 바바리맨이랍니다.

성을 건강하게 바라보고 자신의 아름다운 일부로 받아들이는 일은 이렇게 중요해요. 성이 수치스럽다는 메시지도, 쾌락이 전부라는 메시지도 사실이 아니에요. 성적 호기심을 인정하고 적극적으로 표현하세요. 알고 싶은 것은 묻기도 하고 정보도 찾으세요. 나는 어떤 성관계를 하고 싶은지도 진지하게 생각해 봐요. 정말 건강한 성은 내가 주인이 되어 선택하고 조절하는 성이에요.

다른 사람 안의 성 정체성을 이해해 주세요

　어느 날 밤, 눈물에 흠뻑 젖은 눈으로 나를 찾아왔던 소년을 기억해요. 밤 열한 시가 넘은 시각이어서 깜짝 놀랐지요. 하지만 그 소년에게는 그런 걸 생각할 여유가 없어 보였어요. 우리 집에 들어서자마자 한동안 말없이 눈물만 펑펑 쏟아 놓았죠. 소년은 자신이 동성애자라고 믿고 있었어요.

　남학교에서 기숙사 생활을 하고 있던 소년에게는 자신이 느끼는 감정과 남들과는 다른 모습이 너무나 힘들었던 거예요. 혹시라도 친구들이 알게 될까 봐 매일을 긴장과 두려움 속에서 살아야 했죠. 자신 안에 있는 여성성이, 자신의 존재 자체가 거부당하는 느낌이 무겁게 소년을 짓눌렀어요. 그 답답함을 견디다 못해 기숙사에서 뛰쳐나온 것이었죠. 나는 "네가 동성애자든 아니든 네가 좋아."라고 수없이 얘기해 주어야 했어요.

　더 힘든 문제도 있었어요. 아버지의 권위가 절대적이고 무척 엄격한 가정에서 자란 그 소년은 어릴 때부터 집안을 일으켜야 한다는 무거운 기대와 책임감에 짓눌려 있었죠. 창의적이고 예술적인 성향의 소년은 부모님의 바람과는 다른 일을 하고 싶었지만, 아버지는 얘기조차 들어 주지 않았어요. 어릴 때부터 아버지에게 받은 상처와 억압된 분노는 심각했고, 자살까지 생각할 만큼 힘들어했어요. 그러나 부모님은 아이가 상상 이상으로 힘들어한다는 현실을 인정하지 않았죠.

　아버지와 같은 남자이기를 거부했던 소년. 아무것도 말할 수 없는 가

정을 향해 자신이 할 수 있는 유일한 방법으로 저항하는 듯했던 그 소년
은 이제 훌쩍 커서 어른이 되었어요. 얼마 전, 잘 지내고 있다는 연락을
받았어요. 최근에 애인이 생겼다더군요. 나는 연인이 남자인지 여자인
지 묻지 않았죠. 다만 행복하기를, 정말 하고 싶은 꿈을 이루며 즐겁게
살기를 진심으로 빌어 주었어요.

여러분, 내가 누구인지를 알아 가는 일은 생각보다 훨씬 복잡하고, 때
론 힘겨운 상처를 극복해야 하는 일이랍니다. 하지만 포기하지 마세요.
지금 여러분 안에는 자신을 사랑할 힘이, 다른 이를 사랑할 힘이 자라고
있어요. 혹시 지금 성 정체성에 혼란을 겪고 있는 친구가 있나요? 그런
친구가 있다면, 오래전 그 소년에게 했던 말을 다시 해 주고 싶어요.

"네가 남자를 좋아하든 여자를 좋아하든, 네가 사랑스러운 사람이라
는 사실은 변하지 않아."

내 모습 중에 소중하지 않은 것은 없다는 사실을 잊지 마세요. 여러분
이 겪는 성적 혼란과 호기심, 고민과 아픔까지도 모두 다 소중해요. 그
모습들을 있는 그대로 끌어안을 때 진정으로 세상을, 타인을 사랑할 힘

이 생겨요. 우리는 모두 이렇게 어려운 과정을 거쳐 한 명의 어른이 되어 가고 있으니까요.

자신을 먼저 따뜻하게 바라봐 주세요. 그리고 믿음을 갖고 기다려요. 균형 잡힌 유연한 성 정체성을 가진 멋진 사람이 되리라는 것을. '남자는 이래야 해.', '여자는 이래야 해.'라고 고집하지 않아도, 어떤 모습으로 있다 해도 충분히 멋있는 사람이 될 거예요.

내 안의 성을 안아 주세요

성은 본질적으로 나를 아름답게 만들어요. 남성에게 굵고 직선적인 뼈대와 근육, 중저음의 목소리와 거뭇한 수염이 없다면 매력적이지 않 겠죠. 생각해 봐요. 여성에게 아름다운 굴곡을 만들어 내는 가슴과 엉덩 이 라인, 부드러운 얼굴선과 높은 음조의 목소리가 없다면 얼마나 이상 하겠어요?

나의 성을 끌어안을 때 우리는 비로소 자신을 정말로 사랑하게 됩니 다. 남성, 여성으로서 매력도 편안히 드러내게 되죠. 자신이 남성, 여성 으로서 매력이 있다는 사실을 아는 건 대단히 중요해요. 단순히 인기인 이 되는 것보다 훨씬 영향력이 크니까요. 기본적으로 남성은 같은 공동 체에 여성이 있을 때 훨씬 충동성이 줄고 온화해져요. 여성적인 특징이 남성의 관계 능력을 높이고 공격성을 보완해 주거든요. 여성도 적절한

수의 남성이 같이 있을 때 더 유능해지고 진취적이 되며 예뻐져요. 남성적인 특징이 여성의 정서적이고 주관적인 성향에 좋은 자극을 주고 불안을 낮추며 매력을 높여 주니까요. 신기하게도 특별히 멋지고 예쁘지 않아도 이런 성적인 영향력을 가진 사람이 인기가 많답니다.

내가 여성임을, 남성임을 마음껏 즐기길 바라요. 더 매력적인 여성, 남성으로 변해 가는 이 시기를 누리세요. 운동을 하고, 예쁜 액세서리나 옷으로 멋도 부려요. 그리고 남성과 여성은 같이 있을 때 서로에게 긍정적인 영향을 준다는 사실을 기억해요. 여성적인 생각과 남성적인 생각이 조화를 이룰 때 세상은 더욱 다양하게 발전한답니다. 점점 더 다양한 분야에서 여성과 남성이 함께 일하는 것도 이 때문이에요. 인간은 두 성이 함께 조화를 이룰 때 더 행복하고 발전적인 모습이 되도록 만들어져 있으니까요.

나의 몸과 정신과 욕구와 감정은 모두 아름다운 거예요. 성적 본능은 우리를 진정한 의미로 완성하고 채워 가요. 나와 다른 대상을 이해할 힘, 더 복잡하고 풍성한 관계를 누릴 힘을 줘요. 무엇보다 사랑하게 해 주죠. 남성의 장점과 여성의 장점을 발달시키고, 육체적인 아름다움과 생명을 선물해 주기까지 해요. 지금은 막연하겠지만 언젠가는 내가 엄마, 아빠가 될 수 있음이 큰 기쁨으로 다가올 거예요.

이렇게 성은 우리를 아름다운 존재로 만든답니다. 성이 있기에 진정한 나일 수 있어요. 내 안의 성을 있는 그대로 안아 주세요. '소년', '소녀'의 말뜻을 알고 있나요? 바로 '작은 남성', '작은 여성'을 뜻해요. 참 예쁜 말이죠. 여러분 안에 있는 작은 성적 자아를 존중하는 말이에요. 모든 소년 소녀 친구들, 지금도 성장 중인 여러분이 아름다워요.

이 책에서 생각해 본 주제들을 열심히 고민해 왔다면 여러분은 이제 건강한 성이 무엇인지, 행복하게 사랑하려면 어떻게 해야 하는지 조금은 알게 되었을 거예요. 그리고 진정으로 사람과 세상을 이해할 작은 기틀도 마련했겠죠. 그리고 이 시기에 얻을 수 있는 가장 큰 보물인 건강한 자아상도 찾아냈으리라 믿어요.

사랑하는 여러분, 지금까지 나와 함께 생각하고 걸어와 주어서 고마워요. 여러분과 책을 통해 만난 이 시간이 나에게도 큰 보람과 행복이었어요. 자, 이제 자기 등을 한번 봐요. '아름다운 나'라는 날개를 발견했나요? 이 날개는 여러분에게 늘 있었어요. 다만 자신의 등을 잘 볼 수 없었을 뿐이지요. 이제 깃을 펼치고 날아 볼 시간이에요. 새로운 마음가짐으로 관계 속으로, 내가 좋아하는 이성에게로, 나의 꿈과 매일의 일상 속으로 나아가 봐요. '아름다운 나'가 함께이기에 훨씬 자유롭고 새로운 삶을 만날 수 있을 거예요. 여러분과 여러분이 하는 모든 경험은 아름답다는 것을 기억하세요.

여러분, 넓은 세상을, 무궁무진한 인생을 마음껏 날아요!

부모님께 드리는 글

여기에 실린 조언은 질풍노도의 10대 청소년을 키우는
부모님들이 아이들의 성과 사랑의 문제에 어떻게 대처해야 하는지를
이 책에서 다룬 각 장의 주제들에 맞춰 쓴 것입니다.
아이들의 복잡 미묘한 심리를 이해하는 데
도움이 되리라 생각합니다.

딸을 둔 아빠들에게 보내는 한마디

'아니, 난 이렇게 싫다고 하면서 저런 놈팽이는 좋다고?'

딸이 사춘기가 되어 아빠를 거부하기 시작하고 설상가상으로 이성 교제까지 하면, 아빠의 마음에는 착잡함과 말 못 할 서운함이 몰려오죠. 이 책에서 본 대로라면 남자는 누구나 싫어해야 할 텐데, 왜 금이야 옥이야 키운 아빠는 거부하고 이상한 아이돌이나 사내 녀석은 좋아 죽을까요?

그 이유는 딸이 지금 독립의 욕구를 가지고 있기 때문입니다. 갓난아기 때 아이들은 자신이 부모와 분리된 줄 모르지만, 사춘기가 되면 아이들의 뇌 속에서는 '나는 부모와 달라. 나만의 독립적인 세계를 가져야 해.'라는 메시지가 울려 퍼집니다. 그래서 이성에 대한 끌림은 아빠에게는 해당하지 않게 됩니다. 아빠는 남자이지만 동시에 내가 분리돼서 떠나야 할 나의 뿌리이기도 하니까요.

그래서 아빠한테 끌리는 감정을 갖기보다는 반항하고 거부하며 아빠의 통제를 벗어나려 합니다. 사실 모든 부모님 역시 이런 경험 끝에 지금의 가정을 만들 힘을 얻었습니다. 지극히 자연스러운 성장 과정인 거죠. 도리어 이런 과정 없이 아빠에게 이성으로 끌린다면 그게 더 큰일이지 않을까요?

아이의 타고난 성향에 따라서 나타나는 모습은 조금씩 다르지만, 기본적으로 모든 아이들이 걷는 성장의 길임을 받아들여 주

십시오. 물론 아쉬운 마음이 크겠지만요. 하지만 이때에도 여전히 멋진 아빠로 남는 방법이 있습니다. 바로 엄마인 아내와 잘 연합해서 아이의 든든한 지지자가 되는 겁니다. 이 시기의 아이들에게 최고의 선물은 엄마와 아빠가 사이좋게 지내는 모습을 보여 줘서 이성과 건강하게 지내는 기술을 가르쳐 주는 것이니까요.

아이는 저절로 잘 자라지 않습니다. 특히 이성에 대한 인식이 형성되는 이 시기에는 부모님이 어떻게 지내는지가 딸의 남성관과 미래의 부부 생활을 결정할 수도 있습니다.

아들을 둔 엄마들에게 보내는 한마디

'세상에, 내 아들이 이럴 수가!'

몇 시간의 진통 끝에 내 몸에서 나온 아기를 보던 게 엊그제 같은데, 어느 날 아들이 방에서 자위를 하는 장면을 보거나 음란물을 보는 걸 발견하면 엄마들은 충격과 배신감을 느낍니다. 아무리 몸이 커지고 수염이 나도 엄마에게만은 남자가 아니라 언제까지나 어린 아들이기 때문이죠.

　그런데 엄마의 이런 생각과 무심한 행동들이 아들을 무척 힘들게 할 수 있답니다. 테스토스테론이 넘치는 아들은 작은 자극에도 솟아오르는 성적인 충동 때문에 그렇지 않아도 힘든데, 그 앞에서 엄마는 여전히 속옷이 비치는 차림으로 돌아다니거나, 아무렇지도 않게 스킨십을 하는 경우가 있습니다. 그 순간 아들은 머릿속에서 엄마를 지키기 위한 힘겨운 싸움을 하고, 자괴감과 혐오감을 느끼게 됩니다. 더구나 그렇게 무심한 엄마에게 이런 괴로움을 말하거나 성적인 행동을 의논하는 건 상상할 수도 없습니다.

　아들의 방에 들어가거나 아들을 부를 때 좀 더 기다려 주세요. 꼭 자위행위를 하는 중이 아니더라도 음경이 발기된 상태에서 급하게 엄마가 만나려 하면 아이들은 무척 당황하고 수치심을 느낍니다. 그래서 억지로 발기된 음경을 죽이려다 음경 골절(발기된 상태의 음경을 억지로 꺾어 안쪽의 조직과 혈관이 손상을 입는 외상)

이 되는 사고가 끊이지 않아요. 아들의 신체적, 정신적 변화를 충분히 이해하시고 이제 남성이 되어 가는 아들을 잘 배려해 주시길 부탁드립니다.

아들에게 사춘기가 오기 시작하면서 조금씩 자신만의 공간을 갖고 싶어 한다면, 부디 옷차림을 한번 점검해 보길 바랍니다. 몸에 딱 붙어 속옷 선이 드러나거나 깊게 파여 자신도 모르게 가슴이 보일 수 있는 옷, 너무 짧은 옷 등은 아들을 사랑하는 마음으로 자제해 주세요. 설사 우리 아들은 아무 생각이 없다 해도 배려를 해서 나쁠 건 없습니다. 혹시 남매라면 딸도 같이 조심시켜 주세요. 낮잠을 잘 때도 가능하면 아들이 계속 시선을 두지 않을 안방 같은 곳에서 잔다면 더 지혜로운 선택입니다.

'우리 아들은 그럴 리가 없는데 이런 것까지 생각해야 해?'라는 생각이 들 수 있습니다. 아들과 멀어지는 듯한 느낌에 서운할 수도 있고요. 하지만 이런 배려는 아들과 멀어지는 것이 아니라 내 아들이 건강한 남자로 잘 자라 가고 있음을 인정해 주는 멋진 행동입니다.

아들이 이 시기를 건강하고 균형 있게 보내도록 도울 좋은 방법이 있습니다. 첫 번째로 남편과 사이좋게 지내는 모습을 보여 주십시오. 그럼 아들은 아빠를 좋아하게 돼서 건강한 남성상을 내면화하고, 엄마와 아빠의 친밀한 모습이 엄마를 성적 대상으로 느낄 가능성을 많이 줄여 줍니다. 그리고 스킨십은 조심스레 하시되 따뜻하고 온화한 말과 격려는 많이 해 주시길 부탁합니다. 엄마의 포용적인 모습을 접하여 그 안에서 안정감을 느낄수록 훨씬 더 자신을 사랑하고 자기 통제력이 생길 뿐만 아니라 여성에 대한 긍정적인 이미지가 만들어지기 때문입니다.

내 아들이 성인이 되었을 때 어떤 남자이기를 원하세요? 멋지고 건강한 연애를 하면서 책임감 있는 행동을 하는 아들을 원한다면, 이제는 아들을 대하는 성숙한 태도를 고민해 주시길 부탁드립니다. 그럼 잠시 멀어지는 듯한 시간은 금방 지나갈 것입니다.

3 은밀한 세상에 눈을 뜨다

아이들이 접하는 매체의 수준이 어느 정도인지 확인하고 충격을 받은 분도 계실지 모르겠어요. 순간적으로 매체를 보지 못하도록 막아야겠다는 생각도 들겠지만, 나의 성장기를 생각해 본다면 그 일이 무척 어렵다는 사실을 아실 겁니다. 모든 청소년에게는 부모가 모르는 '우리만의 왕국'이 있으니까요. 그 세계를 부모님이 함부로 침해한다면, 그것은 내 아이를 보호하는 일이 아니라 제대로 성장하지 못하게 막는 일이 됩니다. 이 시기에 중요한 독립과 주도성의 과제를 달성하지 못한 아이는 의존적인 마마보이가 되거나 심한 좌절을 겪어 우울한 아이가 되고 맙니다. 부모님께선 '그럼 그냥 가만 두란 말이야?'라고 걱정하시겠죠. 물론 우리 아이들을 위한 좋은 방법이 있습니다.

어떻게 하면 아이들이 야동을 보지 못하게 할까를 고민하는 대신, 먼저 좋은 정보를 접하게 도와주십시오. 청소년기가 되면 이미 아이들의 뇌는 부모가 원하는 대로만 살지 않도록 명령하기 때문에, 스스로 판단하고 선택하도록 건강한 힘을 길러 주는 것이 더 중요합니다.

아이가 일곱 살이 될 무렵부터 담백하게 성에 대한 진실과 부모님의 사랑 이야기를 들려주시면 큰 도움이 됩니다. 이런 대화가 바로 섹스 토크의 시작입니다. 진실은 힘이 세답니다. 호기심에 가득 찬 아이가 거짓말로 가득한 매체를 접하기 전에 부모님의 진실한 이야기를 듣는다면, 그 내용은 아이의 마음에 분명히 새겨집니다. '우리 아이는 이미 사춘기가 시작됐는데, 어쩌지?'라고 걱정하는 분이 계시겠죠? 괜찮습니다. 지금도 늦지 않았어요. 경험자의 힘은 강하니까요. 솔직 담백하게 음란물 속의 성관계와 실제 성관계는 어떻게 다른지 알려 주십시오. 그리고 사랑해서 하는 부부 생활이 어떤 의미인지도 말입니다. 훈계나 잔소리 대신 아이의 궁금증에 정직하게 답해 주시길 부탁드립니다.

대부분의 부모님이 아이에게 성에 관한 이야기를 꺼내는 것을

부끄러워하기 때문에 대화가 어렵습니다. 그러니 먼저 부모부터 건강한 성 의식을 갖추어야 합니다. 두 분의 사랑에 당당해지세요. 아이에게 가르쳐 줄 내용을 먼저 공부하셔도 좋습니다. 자신이 성에 대한 잘못된 인식을 갖고 있다면 먼저 바꾸셔야 자녀에게도 설득력 있는 부모가 됩니다. 야동을 봐도 아무런 문제가 없다고 생각하는 아빠가 아들에게는 보지 말라고 한다면 전혀 설득력이 없죠. 성에 대한 좋은 책과 정확한 정보를 먼저 찾아보고 도움이 된 내용을 이야기하면서 아이에게 권해 보십시오. 아이는 엄마 아빠조차 아직 배울 것이 있다는 사실에 놀라워하면서도 흥미와 편안함을 느낀답니다.

호르몬이 폭발적으로 나오는 시기에 음란물은 강한 유혹이 됩니다. 하지만 건강한 성이 무엇이고 음란물의 실체가 무엇인지 정확히 알고 있다면, 그런 매체를 보더라도 심리적 거리를 두고 보게 됩니다. 자녀에게 그런 안전장치를 마련해 주시길 바랍니다.

아이들이 성 매체를 접하는 걸 완벽히 막지 못한다고 말씀드렸죠? 하지만 방치하라는 말은 결코 아닙니다. 컴퓨터에 유해물 차단 프로그램을 깔고, 아이들이 부모님 주민번호를 마음대로 사용하지 않도록 해 주세요. 신용 보호 사이트에 등록하면 관리하실 수 있습니다.

아이에게 신뢰를 보여 주시되, 보호하려는 노력과 관심도 함께 보여 주셔야 아이들을 건강하고 안전하게 지킬 수 있습니다.

누굴 좋아한다거나 누구랑 결혼할 거라고 말해도 마냥 귀엽게만 보였던 내 아이였는데, 언젠가부터 누군가와 교제를 하겠다고 하면 마음이 무거워지기 시작합니다. 대 놓고 하지 말라고 말하지는 못하지만, 혹시 이 애들이 진한 스킨십을 하지는 않을지, 사고를 치는 건 아닌지 노심초사하게 되죠. 이제는 내 아이가 많이 자랐음을 느끼기 때문입니다.

아이가 사랑을 꿈꾸기 시작하고 연애를 하려 하는 걸 지나치게 걱정하지 마세요. 걱정스런 마음에 "공부나 열심히 해! 지금이 연애할 때야?"라고 야단이라도 치면 더 좋지 않습니다. 못하게 막으면 아이는 몰래 숨어서 하기 시작하고, 그러면 오히려 부모님은 아이의 연애에 아무 영향력도 미치지 못할 테니까요.

아이가 관심 있는 친구나 하고 싶은 연애에 대해 편안하게 얘기할 수 있도록 항상 마음을 열어 주시길 부탁드립니다. 누가 좋다고 하면 "그래? 그 애의 어떤 점이 괜찮은데?"라고 묻기도 하고, 누가 따라다닌다고 하면 "우리 아들(딸)의 매력을 알아보는 애가 있구나. 당연하지! 누구 자식인데." 이렇게 지지도 해 주세요.

아이가 초등학교 다닐 때부터 이런 대화를 통해 자연스럽게 아이의 지지자이자 의논 상대가 되어 주는 게 중요합니다.(요즘은 초등학교 때부터 첫 교제를 하는 아이들이 많습니다.) 이때부터 자연스럽게 아빠는 남자의 특징을, 엄마는 여자의 특징을 잘 설명해 주세요. 조심해라, 연애는 이르다, 그놈은 안 된다, 충고하고 싶은 마음이 굴뚝같겠지만 조금만 참고 아이의 이야기를 있는 그대로 받아 주십시오.

그럼 아이는 여러 가지 궁금한 것을 부모님께 묻기 시작합니다. 뭐니 뭐니 해도 부모님은 가장 가까이 있는 경험자기 때문이죠. 관심 있는 아이한테 어떻게 다가가야 할지, 다른 아이가 자신한테 이런 행동을 하는데 어떻게 대처해야 할지 조언을 요청하는 겁니다. "엄마가 보기에는 걔가 어떤 것 같아?"라는 질문을 받는다면 정말 잘하고 계신 겁니다. 이때도 무조건 "안 돼."라고 하지 마시고, 친구가 된 것처럼 같이 진지하게 고민해 주세요. 물론 부모님의 눈에는 어떤 아이라도 금지옥엽 같은 내 아이에게는 마땅치 않겠지만, 아이의 호감과 좋아하는 마음을 존중해 주시길 바랍니다. 이렇게 하면 아이는 부모님을 신뢰하고 부모님의 충고를 듣게 됩니다.

그리고 이런 메시지를 아이에게 분명히 심어 주세요. '엄마 아빠는 널 사랑하고 네가 행복한 연애를 하도록 도와줄 거야.', '좋아하는 친구의 행동이 왠지 불편하거나 고민이 생길 때는 언제든지 의논하렴. 네 얘길 진지하게 들어 줄게.', '연애를 하다 보면 생각지도 못하게 진한 스킨십을 하게 되거나, 자칫 임신을 하는 경우도 있단다. 사람은 호르몬이란 게 있어서 그런 걸 하고 싶어지거든. 솔직히 그런 일은 절대 없기를 바라지만, 혹시 그런 일이 생긴다 해도 엄마 아빠는 네 편이야. 널 보호해 주고 널 위해서 온 힘을 다할 거야. 그러니 걱정하지 말고 무슨 일이든 애

기해야 해.'

　이런 메시지는 아이의 마음에 분명히 남아서 혹시 어려운 일이 닥치거나 잘못된 선택을 할 상황에 놓이게 되면 부모님을 찾게 합니다. 내 아이는 나쁜 짓을 저지르려는 것이 아니라 처음으로 연애를 배우려는 것임을 항상 기억해 주세요. 아직 미숙하기에 어떤 일이든 해 보려 들 수 있습니다. 그걸 책망하지 말아 주세요. 부모가 잘잘못을 강조하고 일방적으로 가르치기 시작하면 아이는 마음의 문을 닫고 미숙한 또래들을 의지합니다.

　내 아이가 연애를 아름답게 배우고 성숙하길 원한다면 아이의 지지자가 되어 주세요. 행복하게 연애하기 위한 좋은 교재들을 찾아서 아이와 함께 얘기하고 공부해도 좋습니다. 사춘기부터는 가르치는 교사가 아니라 아이의 동반자가 되어 주어야 합니다. 친구이자 조언자의 역할을 할 때 아이의 연애도 안전하게 지켜보며 보호해 줄 수 있습니다. 내 아이는 지금 사랑의 실력을 갖춘 아름다운 성인으로 자라 가고 있답니다.

외면하고 싶지만 알아야 하는 이야기　5

　5장의 주제는 언제나 부모님의 가슴을 졸이게 하는 사건들입니다. '혹시 우리 아이에게 이런 일이 생기면 어쩌지?'라는 생각만으로도 끔찍할 거예요. 그래서 아이들이 말을 듣지 않고 자꾸 밖으로 뛰쳐나가는 사춘기가 되면 부모님의 근심도 더 깊어

집니다.

너무 걱정하지는 마세요. 부모님이 지나치게 걱정하고 겁을 주면 아이는 도리어 더 무서워하거나 반항합니다. 너무 엄격한 가정에서 자란 아이들은 사춘기가 되면 '정말 그런가?' 확인해 보고 싶어서 금지한 일을 일부러 해 보기도 합니다. 자아정체감 확립을 위한 자율성과 주체성 발달 과정이 중요한 시기임을 기억해 주십시오. 그리고 먼저 아이와 동맹을 잘 맺어야 아이를 제대로 보호할 수 있습니다. 다음과 같은 전략적인 방법을 선택해 보면 어떨까요?

우선 평소에 아이를 사랑하고 아이가 행복하길 바란다는 표현을 풍부하게 해 주세요. 아이에게 하는 말에 70퍼센트 정도는 이런 메시지를 담으면 좋습니다. 우리나라 사람들은 대개 '말 안 해도 잘 알겠지.'라고 생각하지만, 아이들은 아직 그 정도로 똑똑하지 않습니다. 특히 사춘기에는 대부분의 아이들이 '엄마 아빠는 자기가 원하는 대로 내 인생을 끌고 가려 한다.'고 생각합니다. 그러니 더더욱 부모님의 애정을 확인하는 일이 중요합니다. 아이에게 필요한 메시지는 '공부를 잘하거나 성공한 사람이 되지 않아도 널 사랑한다.'입니다. 이 말을 반복적으로 들으면 아이는 차츰 부모를 신뢰하고 의지할 대상으로 받아들이게 됩니다.

그런 다음 진심 어린 말로 "네가 나쁜 사건의 피해자가 될까 봐 걱정된다."고 솔직하게 이야기하세요. 안 된다고 명령하는 대신, 엄마 아빠의 걱정하는 마음을 표현하는 겁니다. 그럼 아이는 부모님을 안심시키려 노력하고, 자기 나름의 예방책을 얘기할 겁니다. 아이와의 자연스러운 대화가 시작되는 거죠. 본문에 소개한 예방법을 두 분의 경험을 담아 얘기해 주면 아이가 더욱 귀담아들을 것입니다. 엄마 아빠가 자기 이야기를 들어 주기 때문에 아이도 마음을 여는 것이죠. "그렇게 하면 큰일 나. 이렇게 해야 해."와는 비교가 되지 않을 정도로 효과적인 대화법입니다.

대화하면서 "어떻게 하면 이런 일을 예방할 수 있을까?"라고 같이 생각해 보세요. 아이가 아이디어를 내놓으면 받아들이고, 부모님도 의견을 말해서 같이 규칙을 정하면 됩니다. '어디에 갈 때에는 행선지를 꼭 알려 준다.', '엄마 아빠 앞으로 비상 메시지를 등록한다.', '사귀는 아이가 생기면 꼭 얘기한다.', '사고 싶은 게 있으면 의논을 해서 몇 개월 단위로 용돈을 적립한다.' 같은 규칙을 만드세요. 규칙이 세워지면 먼저 부모님 쪽에서 반드시 지켜야 합니다. 그러지 않으면 아이는 '역시 나만 손해 본다.'고 생각하며 마음을 닫아 버립니다. 진정한 권위는 실천에서 나온다는 사실을 기억해 주십시오.

마지막으로 가장 중요한 일이 있습니다. 아이에게 '네가 어떤 일을 겪더라도 널 지켜 주겠다.'는 메시지를 분명하게 전달하는 것입니다. '나는 어떤 상황에서도 널 사랑한다. 그것이 부모의 사랑이란다.'라고 확신시켜 주면 아이는 늘 그 말을 가슴에 품고 살아갑니다. '네가 나쁜 선택을 하지 않으리라고 믿고 있다.'는 말씀도 해 주세요. 아이들에게는 명령보다 신뢰가 훨씬 강한 힘을 발휘합니다.

PS. 성폭력이나 임신 같은 사건은 아이가 잘못하거나 부모가 잘못 가르쳐서 일어나는 일이 아닙니다. 마치 교통사고처럼 예고 없이 삶 속으로 찾아올 수도 있습니다. 혹시 그런 일이 찾아와 힘겨워하고 있다면 『엄마, 나… 임신했어요』(루스 그래함 · 사라 도먼, 예수전도단, 2006)라는 책을 추천합니다. 10대 미혼모와 그 엄마, 전문 상담가의 구체적인 실제 상황 수기를 통해 어려움을 뚫고 갈 방법과 도움을 받을 수 있습니다. 이런 일을 예방하고 싶은 분들도 읽어 보셔도 좋아요.

6 나는 성적인 존재야!

지금 10대의 부모님 세대가 청소년이었을 때는 건강하게 성을 통합하기가 어려웠던 시대였습니다. 성 자체를 떳떳하게 말해 보기조차 어려웠으니까요. 아무도 가르쳐 주지 않은 채 자기 나름대로 고민과 시행착오를 거치며 성을 이해해야 했습니다. 그렇기에 나에게도 어려웠던 그 숙제를 아이가 하도록 도와준다는 것이 버겁게 느껴질 수도 있습니다. 성 얘기를 꺼내는 것조차 부담스러울 거예요.

걱정 마세요. 부모님께는 이미 아이까지 낳아 길러 본 충분한 실전 경험이 있으니까요. 성이 하는 일들, 이를 테면 생물학적 구분, 신체 성장의 역할, 정체성의 분화, 자신과 타인에 대한 이해, 육체적 친밀감의 발달, 생명의 잉태와 출산 같은 과정들을 이미 다 겪어 보셨잖아요. 내 아이를 가르칠 경험은 충분합니다.

그러니 자신감을 가지세요. 다만 아이가 성적 호기심을 갖는 것이 너무 걱정스럽게 다가오거나, 내 아이가 성을 알아 가는 것이 나쁜 일로 느껴진다면 잠시 멈춰 서서 먼저 자신의 성 인식을 살펴보기 바랍니다. 내 아이가 자위행위를 할 때 뭐라고 말하고 싶은지, 만일 아이가 성행위를 했다면 어떻게 느껴질지 생각해 보면 도움이 될 겁니다.

혹시 '성은 수치스럽고 가능한 한 참아야 할 나쁜 것이다.'라는 인식이 있거나, '남들에게 알릴 필요는 없지만 성매매를 하거나 적당히 즐기는 것은 누구나 할 수 있는 일이다.'라고 생각하지는 않나요? 나아가 '나는 해도 내 아이는 하면 안 된다.'라는 생각을 갖고 있다면 자신의 성 인식을 심각하게 돌아보길 바랍니다. 성을 건강하게 통합하지 못한 상태일 수도 있으니까요.

아시다시피, 부모가 건강한 성 인식을 갖지 못하면 아이에게도 건강한 성을 가르쳐 주기 어렵습니다. 말로만 되는 일이 아니라 엄마 아빠에게서 배어 나오는 모든 무언의 메시지와 감정들, 판단의 기준들이 아이에게 영향을 미치기 때문이죠.

부모가 성을 수치스럽게 생각하면 아이도 성을 수치스럽게 생각합니다. 꼭 그렇게 되지 않는다 하더라도 성에 관해 아무것도 얘기하지 않을 거예요. 부모님이 부정적으로 반응하리라는 것을 아니까요. 부모님이 혹시 균형을 잃고 쾌락적인 성에 빠져 있다면 아이들은 성적인 면에서뿐만 아니라 인격적 측면에서도 부모님을 존경하지 않습니다. 정체성에도 영향을 미치죠.

부모의 성 인식은 아이들의 정체성에 매우 민감한 영향을 줍니다. 특히 사춘기 아이들은 이제 자신이 성관계로 태어났다는 걸 알기 때문에 부모의 성적 태도는 자신의 존재감을 결정하는 데 큰 영향을 미친답니다. 만일에 엄마나 아빠가 외도를 했다면 아이는 자신의 존재를 수치스럽고 불안정하게 느낍니다. 자신이 태어난 근원인 부모님의 관계가 수치스럽고 불안정하다고 느끼는 것이죠. 이런 인식은 매우 깊게 남아서 치료하기가 쉽지 않습니다.

아이가 정말로 건강한 성을 통합하길 원하신다면, 부모님께서 먼저 통합의 과정을 밟으셔야 합니다. 다행히 인간에게 필요한 대부분의 정신적 발달 영역은 나이에 상관없이 언제든 다시 성장할 수 있습니다. 이것이 우리에게 큰 희망이죠. 내 아이가 밟아야 하는 성에 대한 이해를 하나하나 따라가 보세요.

건강한 성 인식을 가졌다 자신하더라도 다시 한 번 점검해 보는 게 좋습니다. 새롭게 밝혀진 사실이나 발전된 가치관도 많으니까요. 특히 동성애를 죄악시하는 태도는 자칫하면 혼란에 빠진 아이에게 심각한 죄책감을 줄 수 있습니다. 내 아이는 지금 죄를 지으려는 것이 아니라 자신의 내면에 있는 남성성과 여성성을 알아 가고 있을 뿐입니다.

부모님이 지나치게 과잉 반응하면 아이는 정말 큰일로 받아들이고 심각하게 고민하거나 좌절하게 됩니다. 혹시 내 아이가 동성애에 관한 고민을 표현하면 우선 안심하세요. 아이가 건강하고, 나와 아이의 관계도 좋다는 뜻이니까요. 성에 관한 고민은 숨기지 않고 대화하는 게 훨씬 좋습니다. 은밀하고 수치스런 일로 묻어 두고 혼자서 상상의 나래만 펴는 것이 훨씬 위험해요. 아이들이 만들어 낸 야설이나 상상을 초월하는 성폭력 사건에서 보듯이, 현실감이 없는 아이들의 머릿속에서 많은 일들이 무궁무진하게 왜곡되니까요.

아이가 그런 이야기를 하면("내 친구 얘긴데."라고 말을 꺼내더라도) "그건 나쁜 거야."라고 반응하지 마시고, "그래? 그렇구나. 걔는 상대의 뭐가 좋데?"라고 물으며 가볍고 편안한 태도로 이야기를 들어 주십시오. 몹시 놀란 내색을 하거나 심각하게 받아들이지 않아야 합니다. 부모님이 놀라면 고민하던 아이는 더 큰 충격을 받고서 마음을 숨기고 또래 친구나 이반 커뮤니티(동성애에 관심이 많거나 실제 동성애를 하는 사람들이 만든 비밀 커뮤니티) 속으로 숨어 버립니다.

혹시 아이가 자신을 동성애자로 느끼면 "그렇구나. 네 나이 때는 그런 마음이 많이 든대. 자연스러운 일이야."라고 반응하면서 "걔의 어떤 모습이 좋아?"라고 물으며 부드럽게 대화를 이어 가세요. 물론 무척 놀랍겠지만 아이는 지금 동성애자가 되겠다고 말한 게 아니니까요. 단지 자신이 양성성을 느끼고 있다고 말하는 것뿐입니다. 그러니 아이의 양성성에 같이 관심을 기울여 주세요.

"지금은 네가 호르몬 때문에 그러는 거야. 좀 있으면 없어질 거니까 고민하지 마." 이런 식으로 가르치는 것도 좋지 않습니다. 아이는 지금 분명히 감정들을 느끼고 힘들어하고 있기 때문에 그런 평가적인 말은 도리어 자신의 마음을 전혀 이해하지 못하고 있다는 말로 들립니다. 그러니 아이가 원하기 전에는 가르치기보다는 물어보고 들어 주세요. 밝은 분위기를 유지하면서 자연스레 어

떤 면에서 호감을 느꼈는지, 아이가 어느 정도로 심각하게 생각하고 있는지, 상대도 그런 상태인지 들어 보는 것이 좋습니다.

대화를 하면서 자연스럽게 이성에 대한 호감을 느낀 적은 없는지도 물어보세요. 너무 진지하게 물어보면 아이는 부모님의 불안을 느낍니다. 만일 아이가 이성에 대한 호기심과 호감도 느끼고 있다면 그렇게 걱정하지 않으셔도 됩니다. 아이는 경험해 보고 실험해 보면서 자연스레 성 정체성을 찾아갈 테니까요.

그러니 아이에게 너무 걱정하지 말라고 얘기해 주세요. "네가 지금 느끼는 감정은 네가 동성애자라거나, 잘못하고 있다는 의미가 절대 아니란다."라고 말해 주세요. 혹시 부모님이 어릴 때 그런 경험이 있었다면 얘기해 주어도 좋습니다. 아이가 자신이 동성애자라고 섣부른 결론을 내리는 것이 더 안 좋으니까요. 그런 결론을 내리기에는 아직 이르기 때문에 부모님도 여유를 갖고, 아이에게도 여유를 갖도록 해 주세요.

그리고 "네가 누구를 좋아한다 해도, 넌 우리가 사랑하는 아이야."라고 말해 주세요. 청소년이 심한 동성애 감정을 느끼거나 실제로 동성애를 하는 경우를 살펴보면, 부모님에 대한 애정 욕구가 억압받거나 결핍되고, 좋은 성 본보기를 보고 배우지 못한 경우가 많습니다. 그래서 부모님이 보여 준 성 역할(지나치게 가부장적이고 전혀 공감해 주지 않는 아버지의 남성상이나, 늘 잔소리하고 통제하려는 감정적이고 신경질적인 어머니의 여성상 등을 말합니다.)을 거부하고 다른 성 역할을 선택하거나, 자신이 부모님께 느낀 결핍을 대체할 대체물을 찾는 것이죠. 그러니 아이가 어떤 행동을 한다 해도 변하지 않는 부모님의 본질적인 사랑을 전해 주는 것이 큰 힘이 됩니다. 허락받았다고 생각하고 아이가 마음대로 할까 봐 걱정하지 않아도 괜찮습니다. 그런 건강한 애정을 받으면 아이는 도리어 균형감을 갖게 되니까요.

내 안의 성을 안아 주세요 닫는 글

한 사람이 건강하게 성장하고 통합되는 과정은 마치 우주가 만들어지는 것과 같습니다. 내 자녀이지만 나만큼이나 깊고 복잡한 인격체이기에, 미처 예상하지 못했던 혹은 피하고 싶은 문제들과 만나게 될 때가 있을 겁니다. 용기를 내세요. 이제 이 아이는 나의 일부에서 한 명의 독립된 인간으로 커 가고 있는 것입니다.

지금까지 잘 키워 온 덕분에 아이가 정상적으로 사춘기에 들어선 것이죠. 이제는 아이의 문제를 척척 해결해 줄 수도, 삶의 세세한 부분까지 모두 다 관리하고 조절해 줄 수도 없습니다. 아이가 자꾸 내 품에서 빠져나가는 듯이 느껴지는 것은 결코 이상한 일이 아닙니다. 아이는 내 곁에 나란히 서려고 발돋움하고 있으니까요.

이제는 아이에게서 조금 편해지세요. 아이를 다 책임져 주려고 하지 않아도 됩니다. 대신 응원해 주세요. 회초리를 내려놓고, 대신 플래카드와 응원 도구를 들고 와서 아이에게 외쳐 주세요. "넌 우리가 낳은 최고의 작품, 이 세상 최고의 아이야!"라고 말입니다. 아이가 현명한 선택을 할 것임을 믿어 주세요. "엄마 아빠는 네가 자랑스러워할 만한 삶을 살도록 노력하고 있어. 너도 너 자신이 자랑스러울 선택을 하리라 믿는다."라고. 아이와 함께 천천히 길을 걷는 친구가 되어 주세요. "기억해. 네가 필요로 할 때 언제든 네게 도움이 되는 지혜를 가르쳐 줄게. 네가 손을 뻗으면 우리는 언제나 옆에 있단다. 우리의 사랑을 기억하렴."이라고. 여전히 든든한 아이의 울타리가 되어 주세요. "네가 넘어서는 안 되는 선을 넘으려 하면 그때는 우리가 알려 줄게. 하지만 혹시 네가 실수하더라도 우린 변함없이 널 사랑한다. 네가 네 행동에 책임을 지는 사람이 되면 좋겠구나. 하지만 우리가 함께 감당해 줄게. 그리고 언제든 다시 새로운 선택을 할 수 있도록 도와줄게."라고 말입니다.

이제 훌쩍 큰 자녀의 키는 사실 그동안 부모님께서 보이지 않게 쏟은 애정과 근심, 정성의 키입니다. 내 아이를 향한 사랑에 자신을 가지세요. "난 우리 아이에게 세상에서 가장 좋은 부모다. 누구도 나보다 더 이 아이를 사랑해 줄 수 없다."라고. 날마다 더 좋은 부모가 되기 위해 노력하는 당신께 박수를 보냅니다.

참고 자료

책

- 구성애, 『구성애 아줌마의 10대 아우성』, 올리브, 2008
- 구성애, 『구성애 아줌마의 초딩 아우성』, 올리브, 2004
- 팀 라헤이에, 『결혼행전』, 김인화 옮김, 요단출판사, 2005
- 귄터 아멘트, 『섹스북』, 이용숙 옮김, 박영률출판사, 2000
- 김해준, 『뉴 마인드 뉴 섹스』, 누보, 2008
- 아담 토쿠나가, 『슬로우 섹스』, 손민서 옮김, 바우하우스, 2009
- 이남석, 『사랑을 물어봐도 되나요?』, 사계절출판사, 2010
- 에리히 프롬, 『사랑의 기술』, 황문수 옮김, 문예출판사, 2006
- 박금선, 『축하해』, 샨티, 2008
- 스티븐 아터번·프레드 스토커, 『모든 남자의 참을 수 없는 유혹』, 윤종석 옮김, 좋은씨앗, 2003
- 윤이희나, 『아슬아슬한 연애 인문학』, 한겨레에듀, 2010
- 『중학교 보건』, 중앙진흥연구소, 2011
- 루스 그래함·사라 도먼, 『엄마, 나… 임신했어요』, 주지현 옮김, 예수전도단, 2006
- 다나 그레쉬, 『하얀 웨딩드레스』, 생명의말씀사, 2003
- 제프 프라이스, 『사춘기 소년』, 손희정 옮김, 걷다, 2011
- 수샨 모브세시안, 『사춘기 소녀』, 윤운영 옮김, 걷다, 2011
- 『청소년 위기개입1』, 한국청소년상담원
- 디안나 플레지, 『아동 및 청소년 상담』, 시그마프레스, 2005
- 권석만, 『현대 이상심리학』, 학지사, 2003

기사 및 전문 자료

- 화이자 제약, 「아시아태평양 성 건강과 전반적 삶의 만족(AP SHOW: Asia Pacific Sexual Health and Overall Wellness)에 관한 조사」
- 서상철, 「한국인의 성 만족도가 낮은 진짜 이유는? 생명력을 약화시키는 경쟁 강화」, 프레시안, 2011년 6월 16일자
- 「사랑은 뇌와 호르몬의 정교한 상호작용의 결과」, 꿈나래21, 2009년 5월호
- 「남녀의 우정, 오래된 실험」, 한겨레21, 2000년 05월 11일 제307호
- 「한국 미혼모들의 대부 - 한국미혼모지원네트워크 대표, 리처드 보아스」, 맘앤아이, 2010년 6월호
- 「데이트 초 섹스, 결혼생활 만족도 줄어」, 메디팜스투데이, 2010년 12월 30일자
- 민승기, 「남성정력의 상징 '아침 텐트'?」, 한국경제신문, 2009년 4월 27일자
- 강윤지, 「제3세계 언어 '여자어' 남녀 간 갈등 원인? '풀이사전 필요해~'」, 컨슈머타임즈, 2011년 10월 3일자
- 김창규·김은하, 「감기 치료만큼 쉬운 낙태」, 중앙일보, 2008년 4월 24일자
- 김양진·김진아, 「SOS 10대들의 性 〈상〉-현실 따로 교육 따로」, 서울신문, 2011년 05월 10일자
- 백혜진, 「타락하는 10대 성 문화 이대로 좋은가」, 뉴스포스트, 2011년 09월 08일자
- 정부영, 「결혼 전 '섹스 안 한' 커플이 더 행복하다」, 웨딩뉴스, 2010년 12월 30일자
- 장연주, 「결혼 전 '섹스 안 한' 부부가 더 행복?」, 헤럴드경제, 2010년 12월 29일자
- 허재현, 「건대생들 '성폭행' 논란 피해자는 자살 기도까지」, 한겨레, 2011년 10월 14일자

• 임기창, 「숱한 상처 남긴 고대 의대 추행 사건」, 연합뉴스, 2011년 9월 5일자
• Dr Ananya Mandal, MD, 「Delay sex to strengthen marriage: Study」, January 5, 2011

인터넷

• 아하! 서울시립청소년문화센터
• 푸른 아우성
• 한국 성폭력 상담소

시사 및 다큐

• EBS 〈다큐프라임〉 '아이의 사생활2'
• KBS 다큐멘터리 〈사랑〉
• 젠스 호프만 감독, 〈데이즈 인 포르노〉
• SBS 〈그것이 알고 싶다〉 '바바리맨의 진화'
• EBS 〈다큐프라임〉 '다시 사랑한다 말할까'
• MBC 뉴스, '버려지는 아기들 - 미혼모의 실태' 2011년 9월 28일
• MBC 뉴스, '청소년 미혼모 85% 학업 중단' 2010년 8월 4일